AF812894

England

und die

Transvaal-Bahn.

Ein völkerrechtliches Gutachten

von

Philipp Zorn,

ordentl. Professor der Rechte.

Berlin 1901.

J. Guttentag, Verlagsbuchhandlung,

G. m. b. H.

INHALT.

Litteratur:

Annuaire de l'Institut de droit internat. VIII. IX. (Lor. v. Stein, Moynier).

Phillimore: Commentaries on International Law III. 3. A. 1885.

Halleck: International Law II. Ausg. v. Baker 1893.

Travers Twiss: Law of Nations. 1863.

Oke Manning: Commentaries on the Law of Nations. Ausg. v. Amos. 1875.

Calvo: Droit International. B. IV. 4. A. 1888.

Gareis: Völkerrecht 1888.

Rivier: Völkerrecht 1899 2. A.

Martens-Bergbohm: Völkerrecht II.

v. Holtzendorff: Handbuch d. Völkerrechtes B. IV 1889 (Lüder).

Laband: Staatsrecht d. Deutschen Reiches II. 1895.

Georg Meyer: Verwaltungsrecht II. 1885.

v. Liszt: Völkerrecht 1898.

Ullmann: Völkerrecht 1898.

Zorn: Staatsrecht d. Deutschen Reiches II. 1897.

I.

Der Thatbestand.
Das Untersuchungs-Comité in Pretoria.

Zwischen der englischen Regierung und der Transvaal-Eisenbahngesellschaft (im Folgenden abgekürzt: T. E.) finden zur Zeit völkerrechtliche Erwägungen und Verhandlungen statt, die ihren Grund in den Kriegsereignissen des vergangenen Jahres haben. Da die T. E. hauptsächlich auf holländischem und deutschem Capital begründet ist, sind die Regierungen des Königreiches der Niederlande und des Deutschen Reiches an der Feststellung derjenigen Gesichtspunkte, welche bei jenen Verhandlungen nach Völkerrecht entscheidend sind, in jedem Falle interessirt, weil daraus sich eventuell staatsrechtliche Schlussfolgerungen ergeben. Ob die englischen Maassnahmen im gegenwärtigen Stadium der Transvaal-Krisis bereits nach den völkerrechtlichen Gesichtspunkten der definitiven debellatio oder nach denjenigen der gewissermaassen provisorischen occupatio zu beurtheilen sind, ist für den Kernpunkt der schwebenden Streitfrage irrelevant, da für diese die Rechte des Occupanten und des Debellanten im Wesentlichen die gleichen sind (vgl. unten S. 32). Die nachfolgende Darlegung verfolgt lediglich den Zweck, ohne jede politische Parteinahme aus den thatsächlichen Ereignissen die Gesichtspunkte herauszuschälen, welche für die Entscheidung nach Recht und Gerechtigkeit maassgebend sein müssen; diese Gesichtspunkte allein können für die Kaiserlich deutsche und die Königlich niederländische Regierung Grund zur Intervention in dem Rechtsstreite bieten.

Eine eingehende Verhandlung über die Sache fand bereits am 11. October 1900 statt vor einer nach der Besetzung der Transvaal-Hauptstadt durch die Engländer niedergesetzten und mit den weitreichendsten Vollmachten ausgestatteten Untersuchungs-Commission in Pretoria. Die englische Presse brachte zwar ausführliche Mittheilungen über diese Verhandlungen; ein amtlicher Bericht aber liegt nicht vor, kann somit auch nicht zur Grundlage der nachfolgenden völkerrechtlichen Erörterung gemacht werden. Der Antrag des als Zeugen vor dieser Commission vernommenen Directors der T. E., ihm wenigstens eine amtliche Abschrift seines eigenen Vernehmungsprotokolles zu gewähren, wurde — unbegreiflicher Weise — abgelehnt.[1]) Die Vernehmung des Directors fand statt, nachdem die Bureaus der Gesellschaft sammt allem Urkundenmaterial von den Engländern beschlagnahmt worden waren, so dass der Zeuge nur auf sein Gedächtniss angewiesen war; dem Angebot genauerer Feststellung der Thatsachen aus den Papieren der Gesellschaft wurde keine weitere Folge gegeben.

Die in Pretoria gepflogene Vernehmung und Verhandlung entzieht sich somit derjenigen authentischen Beurtheilung, die nur auf Grund des Actenmaterials erfolgen kann und der, insbesondere da öffentlich verhandelt wurde, eine Verhandlung, auf Grund deren weittragende Entscheidungen gefällt oder auch nur vorbereitet werden sollen, gerechter Weise nicht entzogen werden darf.

Es mag demnach über jene Untersuchungs-Commission vom rechtlichen Standpunkt aus im Einzelnen nur Folgendes bemerkt werden:

1. Die Zusammensetzung jener Commission muss zu begründeten rechtlichen Einwendungen Anlass geben. Dieselbe bestand aus den Herren Alfred Lyttleton (Vorsitzender), A. M. Ashmore, R. K. Loveday und B. Holland als Secretär. Loveday war früher Mitglied des Transvaaler Volksraades. Wenn man zum Mitglied der Commission ein Mitglied der Transvaaler Volksvertretung ernannte,

[1]) Später wurde allerdings, wie mir nachträglich mitgetheilt wird, diese Abschrift gewährt.

so war damit die Unparteilichkeit von vornherein schwer gefährdet; dies Mitglied war persona suspecta und damit die Commission selbst verdächtig, selbst wenn man völlig absieht von der feindseligen Stellung, die jene Persönlichkeit schon vorher in Friedenszeiten gegen die T. E. eingenommen hatte. In einer vom englischen Oberbefehlshaber während des Krieges zu Untersuchungszwecken eingesetzten Commission durfte kein Transvaaler Bürger Sitz und Stimme haben, wollte man nicht diesen letzteren mit dem Stempel des Hochverrathes belegen und damit der Commission selbst in den Augen rechtlich denkender Menschen die Garantie der Unparteilichkeit rauben. — Daran ändert auch die inzwischen, am 1. October, erfolgte Annexions-Erklärung nichts.

2. Vor jener Commission wurden ganz private Papiere amtlich in ausgiebigster Weise verwerthet, Privatbriefe, Tagebücher u. dgl. verlesen. Dass von solchen Papieren, die in die Hände des Eroberers gefallen sind, Kenntniss genommen und privater Gebrauch gemacht wird, wird nicht als den Kriegsgebräuchen widersprechend bezeichnet werden dürfen. Dass aber solche Papiere in öffentlicher Sitzung verlesen und als Grundlage der Untersuchung verwerthet, dass sie daraufhin weiter in der Presse als Agitationsmaterial zur Bearbeitung der öffentlichen Meinung benuzt werden, das widerspricht jedenfalls den völkerrechtlichen Gepflogenheiten, ja selbst den allgemeinen Anschauungen der öffentlichen und privaten Gesellschaftsordnung. Ein solches Verfahren muss geradezu als eines grossen Staates, der selbstverständlich Nichts zu verheimlichen hat und dessen Grundlage Gerechtigkeit ist, nicht ganz würdig bezeichnet werden; die Verantwortung für jenes Verhalten trifft auch nicht den englischen Staat oder die englische Militärmacht, sondern eben nur jene Commission, die sich für ihre Arbeit rechtlich und speciell völkerrechtlich unzulässiger Mittel bediente.

3. Dass jene Commission über die unsicheren Dinge, die zu untersuchen ihr befohlen war, öffentlich verhandelte, war überhaupt, wenn auch nicht völkerrechtlich unzulässig, so doch vom allgemein rechtlichen Standpunkte aus be-

denklich, da dies alsbald durch Press-Agitationen zu einer Verwirrung der öffentlichen Meinung führen musste und thatsächlich geführt hat, so dass man fast zu dem Verdacht gedrängt wird, diese verwirrende Press-Agitation sei der eigentliche Zweck der Commission, die in ungeordneter Weise de omnibus et quibusdam aliis verhandelte, gewesen.

4. Unbedingt völkerrechtswidrig aber muss es erscheinen, dass jene Commission sich gewissermaassen als Untersuchungs-Tribunal über das Verhalten der Transvaal-Regierung **vor** Ausbruch des Krieges constituirte. Eine Commission mit solchen Machtvollkommenheiten auszustatten, war weder der Oberbefehlsbaber befugt, noch die Commission in der Lage, solche Machtbefugnisse anzunehmen oder auszuüben.

Bis zum Ausbruche des Krieges war der Transvaalstaat unabhängig. Der Staatsvertrag[1]) mit England vom Jahre 1884 legte ihm gewisse Schranken auf, machte ihn aber völkerrechtlich nicht zum englischen Vassallen-Staat. Wenn England sich in der Lage und berechtigt glaubte, während der Friedensdauer völkerrechtliche Reclamationen wegen Vertragsverletzung zu erheben, so waren hierfür die allgemeinen völkerrechtlichen Mittel gegeben.

Nach Ausbruch des Krieges und im Zusammenhange mit den Kriegsereignissen eine Untersuchungs-Commission zur Prüfung von Regierungsmaassnahmen aus der Friedenszeit einzusetzen, ist ein jeder völkerrechtlichen Grundlage entbehrender, ja geradezu unerhörter Act, der wohl in den Annalen der Weltgeschichte einzig dasteht. Ueber die Kriegsereignisse konnte eine Untersuchungs-Commission niedergesetzt werden; niemals aber über Regierungshandlungen während des Friedensstandes.

Grundsätzlich muss demnach mit aller Entschiedenheit behauptet werden, dass die Verfügung des High Commissioner vom 8. Sept. 1900, welche eine Unter-

---

[1]) Urkunde No. 1.

suchungs-Commission einsetzt zur Prüfung aller von der Transvaal-Regierung ertheilten Concessionen mit dem Vorbehalt für die englische Regierung, „jede Concession abzulehnen, anzuerkennen, abzuändern“, in dieser Allgemeinheit jeder völkerrechtlichen Grundlage entbehrt. Zulässig war in jedem Falle nur eine Prüfung ertheilter Concessionen, insoweit solche etwa dem Staatsvertrag von 1884 widersprachen, und auch in diesem Umfange war es bedenklich, die Prüfung mit den Kriegsereignissen in Verbindung zu bringen, da Reclamationen hierüber sofort nach Ertheilung derartiger Concessionen in der Friedenszeit hätten erhoben werden müssen.

Die betreffenden Urkunden sind völkerrechtlich von so hohem Interesse, dass sie in der Anlage zu dauerndem Gedächtniss Platz finden mögen.[1])

Dass aber vor jener Commission über Gewinnantheile der Directoren, Ueberschreitung der Baukosten, Höhe der Tarife, Verwendung des Reserve-Fonds und andere dergleichen Dinge verhandelt werden konnte, ist vom Standpunkte des Völkerrechts aus unmöglich. Und in diese Kategorie gehören auch die Verhandlungen über Darlehen an gewisse Personen (Smits), Zahlungen an Journalisten für ihre Pressthätigkeit. In Eisenbahnsachen gewährt der Staatsvertrag von 1884 England keinerlei Einspruchsrecht.

Mochte in jenen Dingen immerhin ein der englischen Politik entgegenwirkendes Moment gefunden werden: das Völkerrecht giebt England kein Mittel, für Regierungs- oder Privatacte **während der Friedenszeit** eine Verantwortung, nicht einmal des Transvaal-Staates, geschweige denn einer in dessen Gebiete thätigen Privatgesellschaft zu construiren. —

5. Endlich erscheint vom Rechtsstandpunkte aus auch der Umstand bedenklich, dass es sich bei den der Commission zu ertheilenden Auskünften zunächst um eine dem freien Er-

---

[1]) Urkunden No. 2 und 3.

messen anheimgestellte Einladung[1]) handelte, während vor der Commission selbst, auf Grund einer inzwischen von Lord Roberts erlassenen Proclamation, eine Zwangsgewalt gegen Zeugen in Anspruch genommen und ausgeübt wurde.[2])

Die ganze Einsetzung jener Commission entbehrt somit in der Hauptsache der völkerrechtlichen Grundlage und ihre Thätigkeit ist nach Inhalt und Form vom allgemeinrechtlichen Standpunkt aus höchst bedenklich.

Es darf als zweifellos angenommen werden, dass die nunmehr in London tagende Commission nach Form und Inhalt ihrer Thätigkeit andere Wege gehen wird, als jene in jeder Hinsicht bedenkliche und nur aus der erregten Kriegsstimmung erklärliche, aber nach ihrer Zusammensetzung, wie nach Form und Inhalt ihrer Thätigkeit eines grossen und gerechten Staates unwürdige Untersuchungs-Commission in Pretoria.

II.

Der privatrechtliche Charakter der Transvaal-Bahn.

Welche rechtlichen Gesichtspunkte sind nun entscheidend für die völkerrechtliche Beurtheilung der schwebenden Streitfrage?

Die Transvaal-Eisenbahngesellschaft ist juristisch lediglich eine **Privat**gesellschaft.

Es kann keinerlei Zweifel darüber bestehen, dass die T. E. nicht transvaalische Staatsanstalt ist, bezw. war. Weder hat der Transvaal-Staat sie gegründet, noch hat er

---

[1]) Vgl. Urkunde No. 2 „desiring to be heard“.

[2]) Vgl. Urkunde No. 3 „must — — give evidence on oath and produce all documents — — under Martial Law“.

die mit Privatcapital begründete Gesellschaft in Staatsverwaltung übernommen. Das Geld, mit dem die Gesellschaft begründet ist, ist in der Form der handelsrechtlichen Actiengesellschaft aufgebracht worden; diese Actiengesellschaft hat ihren Sitz in Amsterdam; sie ist nicht mehr und nicht weniger als eine nach holländischem Recht errichtete private Erwerbsgesellschaft mit Statuten, die nach holländischem Handelsrecht aufgestellt sind; die Beamten der Gesellschaft stehen nicht im Transvaal-Staatsdienst, sondern lediglich in einem privatrechtlichen Verhältniss kraft Dienstvertrages; der Staat Transvaal ist an der Gründung als Staat nicht betheiligt und hat keinen Beamten der Gesellschaft angestellt oder auf die Anstellung einen irgendwie rechtlich gearteten Einfluss ausgeübt. Weder direct noch indirect ist der Staat Transvaal als solcher an der privatrechtlichen Gesellschaft betheiligt, nicht an der Gründung und nicht an der Verwaltung; auch die indirecten Gesichtspunkte der sogenannten Selbstverwaltung versagen für die juristische Construction des Verhältnisses völlig; Selbstverwaltung ist immer decentralisirte Staatsverwaltung: die Ueberlassung der Ausübung von Staatshoheitsrechten an nichtstaatliche Corporationen oder Personen, z. B. an Communalverbände. Die Eisenbahnverwaltung aber ist im Transvaal-Staat so wenig wie in England selbst ein Zweig der unmittelbaren oder auch nur der mittelbaren Staatsverwaltung. Grundsätzlich steht die T. E. zum Transvaal-Staat nur als eine im Transvaal-Staatsgebiete thätige Erwerbsgesellschaft im Verhältniss des allgemeinen Unterthanengehorsams, und wenn dieser Gehorsam durch die Concession oder in Folge der besonderen Natur der Gesellschaftsthätigkeit eine besondere rechtliche Gestaltung erfahren hat, so hebt auch dieser Umstand die T. E. in keiner Weise aus der privatrechtlichen Sphäre heraus.

Wäre die T. E. ein staatsrechtlicher Bestandtheil des Transvaal-Staates, so würde sie heute einfach in den Händen der englischen Staatsgewalt sein, sowohl thatsächlich als völkerrechtlich, sowohl nach den Gesichtspunkten der völkerrechtlichen occupatio wie debellatio. Inwieweit in diesem

Falle Privatpersonen Entschädigung begehren könnten, kann dahingestellt bleiben; jedenfalls könnte kein dritter Staat irgendwie ein Recht der Intervention geltend machen: die Frage würde in diesem Falle ausschliesslich zwischen den beiden kriegführenden Mächten schweben, und die Eisenbahn wäre mit allen ihren beweglichen und unbeweglichen Bestandtheilen in die Gewalt des Siegers übergegangen. Die definitive Regelung der Verhältnisse würde dann nur vom definitiven Ausgange des Krieges abhängen; führt derselbe zur Vernichtung des Transvaal-Staates, so wäre die Eisenbahn englisches Staatseigenthum, im anderen Falle aber wäre England nach Ansicht hervorragender Autoritäten der Völkerrechts-Wissenschaft zur Entschädigung für Benutzung und Wegnahme verpflichtet.[1])

Aber die T. E. ist keine Staatsanstalt und nicht vom Staat in Selbstverwaltung gegeben. Sie ist vielmehr eine privatrechtliche Actiengesellschaft, deren Rechtsverhältniss zum Transvaal-Staate einfach auf einer „Concession" beruht, kraft deren der Staat 1. den Betrieb gestattete, 2. denselben von bestimmten Bedingungen abhängig machte, 3. sich bestimmte Aufsichtsrechte vorbehielt.

Diese „Concession"[2]) hat juristisch keinen anderen Charakter, als beispielsweise jede nach deutschem Gewerberecht zu ertheilende Concession für den Betrieb einer Gastwirthschaft. Durch die „Concession" wird die Gastwirthschaft nicht Bestandtheil des öffentlichen Rechtes, nicht „Staatsanstalt". Der Staat übt lediglich seine Souveränität aus, indem er ein Gebilde des Privatrechtes aus Gründen der öffentlichen Sicherheit und Wohlfahrt unter mehr oder minder bestimmt und im Einzelnen geordnete Staatsaufsicht stellt. Dies kann der Staat jederzeit und gegenüber jedem Gebilde des Privatrechtes thun. In keiner Weise aber wird dadurch der privatrechtliche Charakter verändert. Die staatsrechtlichen Vorschriften tragen in solchem Falle lediglich polizeilichen Charakter; sie sind nur der staatliche Rahmen, inner-

[1]) Ullmann 337.

[2]) Urkunde No. 4.

halb dessen sich die private Erwerbsthätigkeit bewegt.

An diesen juristischen Gesichtspunkten ändert sich auch Nichts durch den Umstand, dass der Transvaal-Staat der Gesellschaft gegenüber eine Zinsgarantie übernommen hat (Art. 32 d. Conc.); ebensowenig dadurch, dass der Transvaal-Staat zeitweise der Gesellschaft Gelder geliehen hat. Darin kommt nur das bedeutende wirthschaftliche und politische Interesse zum Ausdruck, welches der Transvaal-Staat an dem Bau der Eisenbahn haben musste. Derartige Staatsbeihilfen an Privatgesellschaften kommen ja überaus häufig und in den verschiedensten Formen vor, z. B. an Schützengesellschaften, wohlthätige Gesellschaften, wissenschaftliche Gesellschaften.

Das privatrechtliche Verhältniss wird durch solche Staatsbeihilfen in keiner Weise verändert; die Staatsbeihilfe kann Grund sein für erhöhte und erweiterte Staatsaufsicht; dadurch wird aber die Privatverwaltung nicht Staatsverwaltung, die Privatgesellschaft nicht Staatsanstalt, auch nicht indirect; die Betheiligung des Staates ist vielmehr grundsätzlich nur eine financielle.

Ebenso wird an dem privatrechtlichen Verhältniss grundsätzlich Nichts geändert durch die Bestimmungen der Concession Art. 27 (auch in der Fassung vom 7. September 1893), dass der Staat unter gewissen Voraussetzungen das Recht hat, die Eisenbahn für sich in Staatsverwaltung und Privateigenthum zu übernehmen. Dieser Vorbehalt ist in der Zeit des Friedensstandes nicht zur Ausführung gelangt; bei Beginn des Krieges war die Bahn lediglich Privateigenthum. — Derartige Vorbehalte sind auch in anderen Staaten, insbesondere in Frankreich, sowie auf Grund des preussischen Eisenbahngesetzes von 1838, sehr häufig von Staatswegen den Privat-Eisenbahn-Unternehmungen gegenüber gemacht worden. Niemand hat je daran gedacht, aus diesem Grunde den Charakter einer solchen Eisenbahn als Privateigenthum zu bestreiten, so lange eben von dem Vorbehalt nicht Gebrauch gemacht worden war.

Der Gewinnantheil endlich, den die T. E. nach Art. 34 der Concession eventuell an den Transvaal-Staat zu bezahlen hat, ist juristisch nicht etwa der Ausdruck eines Theileigenthums des Staates, sondern lediglich eine, überdies ja nur eventuell zu zahlende, Gebühr für Ertheilung der Concession.

Alle Bestimmungen der Concession, insbesondere diejenigen über die Staatsaufsicht, die hierfür zu bestellenden Staats-Commissare, die eventuelle Uebernahme der Eisenbahn durch den Staat, setzen das derzeitige Privateigenthum der Gesellschaft an der gesammten Bahnanlage voraus.

Die T. E. ist **Privat**gesellschaft; sie steht grundsätzlich unter **Privat**recht; ihr Eigenthum ist **Privat**eigenthum; ihre „Beamten" sind **Privat**angestellte. In keiner Weise können auf sie die Grundsätze des Kriegsrechtes unter **Staaten** zur Anwendung kommen. **Es ist völkerrechtlich unzulässig, die gegenüber dem Transvaal-Staate zu zweifellos berechtigter Anwendung kommenden Grundsätze des Kriegsrechtes unter Staaten einer privatrechtlichen Eisenbahngesellschaft gegenüber anzuwenden.**

Die Streitfrage zwischen England und der T. E. hat ihren Kernpunkt im **Privat**recht und wird demgemäss beherrscht von dem Princip: **das Privateigenthum im Landkrieg ist unverletzlich.**

Dieser Grundsatz aber ist einer der wenigen unbedingt festen Punkte in Theorie und Praxis des Völkerrechtes.[1])

---

[1]) Liszt 229. Ullmann 323, 334. Bluntschli 365, 370. Heffter-Geffcken 275ff. Martens-Bergbohm II 490, 514. Lueder in Holtzendorffs Handb. IV, 482ff. Calvo: IV, 248ff. Gareis: S. 206. Rivier: Lehrb. S. 422. Travers Twiss: Law of N. S. 126. Halleck II, S. 67: „private property on land is now, as a general rule of war, exempt from seizure or confiscation" — — „private rights and private property, both, movable and immovable, are, in general, unaffected by the operations of a war, whether such operations be limited to mere military occupation or extended to complete conquest." Oke Manning S. 182: „immovable property of private

III.

Die Staatshoheitsrechte über Eisenbahnen in Kriegszeiten.

Für die Ausübung von Privatrechten besondere Rechtssätze staatsrechtlicher Art aufzustellen, ist der Staat in der Regel nicht veranlasst. In der Regel: dass der Staat in die Lage kommen kann, kraft seiner auch alle Privatrechte beherrschenden Souveränität besondere Rechtssätze für besondere Zeiten (Betreten von Weinbergen in der geschlossenen Zeit) oder besondere Verhältnisse (Hochwasser-, Viehseuchengefahr) oder besondere Arten von Rechten (Wandergewerbe-Betrieb) aufzustellen, ist allgemein anerkannt und bedarf als selbstverständliche Folge der Souveränität keiner Begründung.

Dass das öffentliche Interesse für den Betrieb von Eisenbahnen die Aufstellung solcher Rechtsvorschriften in ganz besonderer Weise erfordert, bedarf gleichfalls keiner Begründung. Die Bedeutung der Eisenbahnen ist sowohl vom allgemein verkehrspolitischen als vom specifisch militärischen Gesichtspunkte aus für den Staat eine so grosse, dass solche Vorschriften unentbehrlich sind. Einfach liegen diese Verhältnisse, soweit es sich um Staatseisenbahnen handelt. Aber auch Privateisenbahnen berühren in den angegebenen Gesichtspunkten das Staatsinteresse so unmittelbar, dass kein Staat unter den heutigen Verhältnissen sich der Pflicht entziehen dürfte, das öffentliche Interesse auch Privatbahnen gegenüber ebenso zu wahren wie gegenüber Staatsbahnen. Daraus

---

individuals is, by the positive Law of Nations, not liable to be seized by the rights of war" — — — „movable property is respected by the hostile force and cannot be taken unless paid for." Phillimore III, S. 863: „The modern usage of nations, large and important part of International Law would be violated — the sense of justice and of rights, which is felt and acknowledged by the civilised world, would be outraged, if Private Property were generally confiscated and Private Rights annulled."

ergiebt sich für den Staat die unbedingte Nothwendigkeit, auch Privatbahnen durch Rechtsvorschrift diejenigen Verpflichtungen aufzulegen, welche im öffentlichen Interesse, sei es für allgemeine Verkehrszwecke, sei es für besondere Staatszwecke, in erster Linie für militärische, in Krieg und Frieden, erforderlich sind.

Ob in dieser Beziehung eine specialisirte Staatsgesetzgebung vorhanden ist oder nicht, macht in der staats- und völkerrechtlichen Beurtheilung der Sache keinen Unterschied.

Immerhin darf zur Klarstellung des Princips und der daraus zu ziehenden Folgerungen die deutsche Gesetzgebung verwerthet werden.[1]) Die Vorschriften für Friedenszeiten können dabei ausser Betracht bleiben. In Kriegszeiten aber steht jede Eisenbahn, gleichgiltig ob Staats- oder Privatbahn, gemäss den Vorschriften des Gesetzes vom 13. Juni 1873 (R.-G.-B. 129) über die Kriegsleistungen §. 28 ff. uneingeschränkt zur Verfügung des Staates. „Die Verwaltungen der Eisenbahnen auf dem Kriegsschauplatze selbst oder in der Nähe desselben haben bezüglich der Einrichtung, Fortführung, Einstellung und Wiederaufnahme des Bahnbetriebs den Anordnungen der Militärbehörde Folge zu leisten" — bestimmt das deutsche Kriegsleistungsgesetz in §. 31. Und weiter fordert die deutsche Gesetzgebung: 1. alle Bahnen haben in Kriegszeiten zur Beförderung von Truppen und Kriegsmaterial dem Staat in uneingeschränkter Weise zu dienen (§. 28 Z. 2), selbst wenn dadurch der Privatverkehr eingeschränkt, ja zeitweise völlig aufgehoben werden muss; 2. alle Bahnen haben dem Staat ihr rollendes, Bau- und anderes Material völlig zur Verfügung zu stellen (§. 28 Z. 3), auch wenn für den Privatverkehr dann gar nichts mehr übrig bleibt; 3. alle Bahnen haben in gleicher Weise auch ihr Personal dem Staate zur Verfügung zu stellen (§. 28 Z. 3) für Zwecke der Staatshoheit und der Staatsnothwendigkeit, mit dem einzigen Vorbehalt, dass über die Personen von

---

[1]) Laband, II, 771 ff. — Zorn, II, 668 f. — G. Meyer, II, 158 f.

Staatswegen nicht ohne ihren Willen verfügt werden darf; doch müssen die Eisenbahnverwaltungen auf ihre Rechte an das Personal ohne jede Entschädigung zu Gunsten des Staates verzichten; 4. wenn in den Punkten zu 2 und 3 von Staatswegen keinerlei Rücksicht genommen zu werden braucht, ob die Verwendung im Inland oder Ausland, im Staatsgebiet oder in occupirtem Gebiet in Feindesland, für vorhandene Bahnanlagen oder für etwa neu zu bauende Feldeisenbahnen, die die militärische Nothwendigkeit erfordert, für Herstellung oder für Zerstörung von Bahnanlagen geschehen soll, weil die Vorschriften des Gesetzes ganz allgemein und ohne jede Einschränkung lauten, — so sind alle diese Spezialvorschriften doch immer nur Folgerungen aus dem allgemeinen Princip, dass **Eisenbahnen in Kriegszeiten mit ihrem Material und Personal zur unbedingten und uneingeschränkten Verfügung der Staatsgewalt stehen.** Und zwar völlig gleichgiltig, ob es sich um Staats- oder Privat-Eisenbahnen handelt[1]). **Die Grenze der gesetzlichen Pflicht ist in allen Punkten nur die thatsächliche Fähigkeit.** Kein Staat kann auf dieses Souveränitätsrecht verzichten und kein Staat kann gerechter Weise einem anderen Staate die Ausübung dieses Souveränitätsrechtes bestreiten oder hieraus Folgerungen ziehen, die den Privatrechten einer Eisenbahn-Gesellschaft schädlich wären.

Denn die Eisenbahnen haben in allen diesen Dingen lediglich dem Befehle ihrer Staatsgewalt zu gehorchen.

Was aber in dieser Beziehung ein Staat unter allen Umständen in Anspruch nehmen würde und nehmen muss, das muss er auch als gerechtfertigt anerkennen, wenn der ihm gegenüberstehende Kriegstheil es in Anspruch nimmt und ausübt. England würde für sich selbst sicherlich keinen Augenblick Zweifel darüber hegen, dass ihm die

---

[1]) Vgl. L. v. Stein in Annuaire de l'Institut de droit internat. VIII, S. 200 f.

oben bezeichneten Rechte kraft seiner Staatsgewalt zustehen; und England würde die starke Hand seiner Staatsgewalt gewiss hart geltend machen, falls eine Privat-Eisenbahngesellschaft in Kriegszeiten und für Kriegszwecke den Gehorsam nach irgend einer der angegebenen Richtungen weigern wollte.

Darum muss aber England nach Recht und Gerechtigkeit diesen Standpunkt auch für Transvaal und die T. E. anerkennen.

Wenn die T. E. 1. ihre Anlagen, Gebäude, rollendes und anderes Material dem Transvaal-Staat als der Staatsgewalt, der gegenüber sie zum Unterthanengehorsam verpflichtet war, zur Verfügung stellte; 2. in gleicher Weise ihr Personal zur Verfügung stellte — so hat sie damit lediglich den staatsrechtlichen Gehorsam geleistet, zu dem sie nach allgemeinen staatsrechtlichen Grundsätzen verpflichtet war und den das Völkerrecht immer voraussetzen muss, wenn anders es nicht die rechtliche und sittliche Grundlage, auf der es selbst ruht, vernichten will.

Dass die im Transvaalgebiete domicilirte Gesellschaft, die in ihrer rechtlichen Existenz auf einer vom Transvaal-Staat ertheilten Concession beruhte, wenn auch die Vertretung der Actionäre sich in Amsterdam befand, dem Transvaal-Staate gehorsamspflichtig war, ist unzweifelhaft; dies wäre selbst dann ausser Zweifel, wenn die Gesellschaft als ausländische concessionirt wäre; der alte staatsrechtliche Grundsatz: „quidquid est in territorio, est etiam de territorio“ hat Eisenbahngesellschaften, die innerhalb des Staatsgebietes thätig sind, gegenüber unbedingte Geltung, gleichgiltig ob sie auf inländischem oder ausländischem Kapital beruhen und ob die dieses Kapital vertretenden Organe sich im Inland oder im Ausland befinden.

Die grossen Militärmächte der Gegenwart haben ihre besonderen „Eisenbahntruppen“, deren Aufgabe es ist, Eisenbahnen zu bauen, zu betreiben, zu zerstören — je nach Bedarf. Der Transvaal-Staat hatte solche Eisenbahntruppen nicht. Wenn er während des Krieges sich solche aus dem geschulten

Personal der unter seiner Staatshoheit stehenden T. E. bildete, als ein sog. „fliegendes Corps", so ist dies seitens des Transvaal-Staates eine durchaus legitime Ausübung seiner Staatsgewalt, seitens der T. E. eine durchaus legitime Erfüllung des ihr obliegenden Unterthanengehorsams. Nach keiner Richtung und in keiner Weise kann hier von Verletzung „des Völkerrechtes" die Rede sein; jeder andere Staat würde ebenso gehandelt haben und jede andere Eisenbahngesellschaft würde staatsrechtlich ebenso zum Gehorsam verpflichtet gewesen sein, ob es sich nun um Bildung einer fliegenden Pionier-Truppe, um Zerstörung von Anlagen und Brücken, um Neuherstellung von Eisenbahnmaterial oder Anlagen irgend welcher Art handelt.

Die T. E. war somit unbedingt gehorsamspflichtig, als ihr unterm 19. October 1899 von General Joubert der Befehl ertheilt wurde, den Eisenbahnbetrieb in dem von den Boeren besetzten Natal-Gebiete zu übernehmen und fortzuführen; sie war in gleicher Weise gehorsamspflichtig, als ihr unterm 10. Februar 1900 der gleiche Befehl für den Eisenbahnbetrieb im Oranje-Freistaat und ebenso als der Befehl bezüglich kapländischer Eisenbahnen gegeben wurde.

In allen diesen Fällen vollzog die T. E. lediglich die Befehle ihrer Staatsgewalt; letztere waren die rechtliche Voraussetzung ihrer Thätigkeit; die Verwaltung erfolgte nach deren Befehlen, gleichgiltig ob diese allgemein oder speziell lauteten; eine financielle Abrechnung für die dem Staat geleisteten Dienste erfolgte theils sofort, theils wurde sie, im Drange der kriegerischen Ereignisse, vorbehalten.

Immer aber bildete der staatliche Befehl die Grundlage und in der sofort erfolgten oder für später vorbehaltenen Abrechnung tritt immer der privatrechtliche Grundcharakter der T. E. klar hervor.

Besonderer Rechtssätze für die dargelegte Verfügungsgewalt des Territorialstaates über die in seinem Gebiet belegenen Eisenbahnen in Kriegszeiten bedarf es in keiner Weise. Die dargelegten Folgerungen ergeben sich aus dem Begriffe des souveränen Staates, der die Voraussetzung und Grundlage alles Völkerrechtes, also auch des Kriegsrechtes, bildet.

Im übrigen enthält Art. 22 der Concession auch noch die besondere specialrechtliche Grundlage für obige Darlegungen. Der Artikel lautet: „Bei drohender Kriegsgefahr und in Kriegszeiten sowie im Falle innerer Unruhen kann die Regierung im Interesse der Vertheidigung oder der öffentlichen Ruhe über die Eisenbahn und alles dasjenige, was zur Benutzung derselben erforderlich ist, **vollständig und ohne Einschränkung verfügen** und den gewöhnlichen Verkehr auf derselben ganz oder theilweise einstellen lassen und alle zu diesem Zweck erforderlich scheinenden Anordnungen treffen und ausführen, vorbehaltlich der Schadloshaltung des Concessionars."

Die Direction der T. E. beobachtete übrigens in diesem Punkte ganz besondere Vorsicht und bestand in langen Verhandlungen mit der Transvaal-Regierung darauf, dass seitens der letzteren eine ausdrückliche Verordnung dahin zu erlassen sei, dass der Staat von seinen Rechten aus Art. 22 der Concession Gebrauch mache. Um allen völkerrechtlichen Eventualitäten gegenüber rechtlich gesichert zu sein, forderte die T. E. jene Verordnung, auf Grund deren dann alle einschlägigen Handlungen der Gesellschaft durch die Verantwortlichkeit der Regierung rechtlich gedeckt waren. Voraussetzung war hierbei beiderseits, dass für alle im Auftrag der Regierung erfolgten Maassnahmen von dieser volle Entschädigung geleistet werde. In Besorgniss übertriebener Entschädigungsforderungen lehnte die Regierung anfänglich den Erlass jener Verordnung ab, entschloss sich jedoch weiterhin, die Forderung zu erfüllen.

Der Transvaalstaat hat demgemäss unterm 29. September 1899 der T. E. ausdrücklich davon Mittheilung gemacht, dass er die Verfügung über die T. E. übernehme, nachdem der Ausführende Rath am 13. September beschlossen hatte:

> „von seinem Recht nach Art. 22 der Concession Gebrauch zu machen und die Eisenbahn mit allem, was dazu gehört und was zum Gebrauch davon be-

nöthigt ist, der Verfügung der N. Z. S. M. (Nederlandsche Zuid-Afrikaansche Spoorweg-Maatschappy) zu entziehen und dieselbe ganz zu seiner Verfügung zu nehmen“ und ferner „das gesammte Personal wird unter Art. 2 des Gesetzes No. 20 vom Jahre 1898 — commandirt zur Leistung von Diensten bei der Eisenbahn in ihren Functionen, die sie gegenwärtig bekleideten, und werden sie unter den Befehl des General-Commandanten und der von ihm zu ernennenden Kriegs-Officiere und anderer Beamten gestellt werden mit der Voraussetzung, dass diejenigen, die beim Eisenbahndienst entbehrt werden könnten, jederzeit vom Commandant-General commandirt werden können zur Leistung von gewöhnlichen Kriegsdiensten.“

Daraufhin erging die den Inhalt obigen Beschlusses wiederholende Dienstordre No. 36 seitens der Direction der T. E., auf Grund deren der ganze Betrieb von diesem Zeitpunkte ab **„unter den Befehlen des Commandant-General“** erfolgte.[1])

Dass der Betrieb selbst nicht durch militärische Organe, sondern nach wie vor durch die Organe der Gesellschaft erfolgte, erklärt sich daraus, dass einmal der Transvaal-Staat keine besonderen Eisenbahntruppen hatte, sodann daraus, dass gemäss Art. 22 der Concession, der dem Staat das Recht giebt, die für den Krieg „erforderlich scheinenden Anordnungen“ zu treffen, diese Anordnung getroffen werden konnte und für den Staat jedenfalls die einfachste und beste war.

Ja selbst in der Benutzung der Werkstätten der Gesellschaft als einer Art Arsenal zur Herstellung von Munition, Reparatur von Kanonen, Beschlagen von Pferden mit den Mitteln der T. E. ist nichts zu erkennen, was als völkerrechtswidrig behauptet werden dürfte. Auch Dinge, die nicht für Eisenbahnzwecke dienten, konnten in den Werkstätten der Gesellschaft verfertigt und dem Staat geliefert werden. Denn Eisenbahnen stehen mit Allem, was

---

[1]) Urkunden No. 5, 6, 7.

sie zu leisten vermögen, in Kriegszeiten einfach zur Verfügung ihres Staates. Die technischen Mittel und Einrichtungen der T. E. für die Kriegführung so gut als möglich zu verwenden, war der Transvaal-Staat nach Völkerrecht berechtigt; die T. E. war aber den Befehlen ihres Staates zum Gehorsam verpflichtet, mochten diese Befehle nun in allgemeinen Anordnungen oder in speciellen Geboten bestehen. In allen diesen Dingen hat die T. E. auf Anweisung der Regierung, so viel als möglich auf „schriftliche Anweisung" gehandelt und mit dem Staat diese Arbeiten verrechnet. Niemand wird bestreiten dürfen, dass in allen obigen Punkten die gebieterische Nothwendigkeit des Krieges allein maassgebend war; kein Staat würde im gleichen Falle auf die Möglichkeit der Benutzung von Privatwerkstätten zur Herstellung von Kriegsmaterial verzichten können und dürfen. Die Staatssouveränität und die Kriegsnothwendigkeit sind in solchen Fällen auch rechtlich die allein entscheidenden Factoren.

Dass aus eigener Initiative der T. E. Brücken zerstört worden seien, ist falsch; dies ist **nur auf militärischen Befehl** geschehen. In seiner Vernehmung vor der englischen Untersuchungs-Commission in Pretoria am 11. October v. J. hat der leitende Director der Gesellschaft unter Eid jene Beschuldigung für unrichtig erklärt. Die Zerstörung von Brücken etc. geschah ausschliesslich auf directen Befehl der Militärbehörden; für jede Zerstörung wurden stricte Befehle verlangt.

Die T. E. war dem Transvaal-Staat genau ebenso zum unbedingten Unterthanengehorsam verpflichtet, wie jede englische Eisenbahngesellschaft dies gegenüber dem englischen Staate ist. England kann, wenn es die ersten Grundlinien des Völkerrechtes achten will, nicht bei einem anderen Staat etwas für unrechtmässig erklären, über dessen Rechtmässigkeit es bei sich selbst und innerhalb seiner Staatssphäre auch nicht den leisesten Zweifel aufkommen lassen würde.

IV.

Die behauptete „Verletzung der Neutralität“.

Vor Allem kann juristisch unter keinen Umständen davon die Rede sein, dass die T. E. die „Neutralität“ verletzt habe; denn dies ist juristisch unmöglich.

Neutralität ist die völkerrechtliche Rechtspflicht der an einem Kriege unbetheiligten Staaten, sich jeder directen oder indirecten Kriegshandlung zu enthalten. Der Begriff der Neutralität, insoweit er hier in Betracht kommt, steht in der Literatur fest.[1])

Völkerrechtliche Rechtspflichten bestehen nur für **Staaten**; nur **Staaten** können völkerrechtliche Rechtspflichten haben; **nur Staaten können demnach die völkerrechtliche Rechtspflicht der Neutralität „verletzen“.**

Darüber sind alle Theoretiker des Völkerrechtes einig.[2])

Die T. E. ist kein Staat, folglich kein völkerrechtliches Rechtssubject, eine „Verletzung der Neutralität“ durch die T. E. ist somit logisch und juristisch undenkbar.

Wenn in einem neutralen Staate z. B. eine grosse Waffen- oder Munitionsfabrik Bestellungen für eine kriegführende Macht ausführt, so verletzt damit keinesfalls der Fabrikherr die Neutralität, wohl aber kann, nicht in jedem Falle, aber unter bestimmten Voraussetzungen, eine Neutralitätsverletzung Seitens des Staates vorliegen, der solche Lieferungen an die eine der kriegführenden Mächte duldet, ohne dagegen einzuschreiten; nur als Staatsdelict kann die Neutralitätsverletzung juristisch construirt werden (s. auch unten S. 40/41).

Die T. E. war aber als Privatgesellschaft lediglich den Befehlen ihres Staates, d. i. des Transvaal-Staates, zum Ge-

---

[1]) Liszt 239 ff. Martens-Bergbohm II, 549.

[2]) Liszt 21. Ullmann 39, 225 ff. Heffter-Geffcken 40. Bluntschli 69, 413. Martens-Bergbohm II, 434. Lüder in Holtzendorff's Handb. IV, 237. Gareis S. 213. Rivier Lehrb. S. 437. Phillimore III, S. 225. Calvo IV, S. 411. Oke Manning S. 223. Travers Twiss II, S. 424 ff.

horsam verpflichtet; sie hat auch lediglich diesen Gehorsam geleistet.

Allerdings bestehen völkerrechtliche Grundsätze in Bezug auf Personen, die ohne Autorisation ihres Staates am Kriege theilnehmen: Franctireurs, Freibeuter. Solche Personen stehen nicht unter Völkerrecht. Nicht etwa, dass sie „die Neutralität verletzen“: das wäre logisch und juristisch undenkbar. Aber sie werden nicht nach Kriegsrecht als legitime Bestandtheile der bewaffneten Kriegsmacht behandelt, sondern sie können vom Feind durch jedes geeignet scheinende Mittel unschädlich gemacht, also insbesondere einfach getötet werden; sie sind im Sinne der älteren deutschen Rechtsanschauung vogelfrei.[1])

Auch die englische Militärgewalt war selbstverständlich in der Lage und berechtigt, gegen Freibeuter in dieser Weise vorzugehen. Und wenn sie sich für berechtigt erachtete, gegen Personen der T. E. nach diesen Gesichtspunkten zu verfahren, so kann hiergegen im Princip nach Völkerrecht nichts eingewendet werden: der Kernpunkt ist dabei immer nur der, dass es sich um Personen handelte, die Kriegshandlungen ohne Autorisation des Staates vornahmen, die auf eigene Faust Krieg führten. War diese Voraussetzung gegeben, so war auch das härteste Vorgehen der englischen Staats- und Kriegsmacht gegen solche Personen rechtlich unanfechtbar.

Es kann dahingestellt bleiben, ob die Anwendung dieser grundsätzlich nur für Einzelpersonen geltenden Sätze auch auf Collectivpersonen und Gesellschaften möglich ist. Die Theorie des Völkerrechtes hat die Frage einer eingehenden Erörterung bis jetzt noch nicht unterworfen: als Voraussetzung für die Bejahung müsste unter allen Umständen wie bei Individuen ein Individualwille, so bei Gesellschaften, falls die Gesellschaft als solche verantwortlich sein soll, ein Gesellschaftswille gefordert werden. Wo bei Gesellschaften

---

[1]) Liszt 219. Ullmann 321. Lüder in Holtzendorff's Handb. IV, 377, 470 ff. Vgl. hierzu auch die als Urkunde No. 12 mitgetheilte Dienstordre No. 32, welche diesen völkerrechtlichen Grundsätzen durchaus entspricht.

dieser Gesellschaftswille fehlt oder nicht positiv nachweisbar ist, kann immer nur ein Einzelner für die ihn etwa treffende Schuld haftbar gemacht werden, nicht aber die Gesellschaft. Schuld setzt in jedem Falle einen schuldhaften Willen voraus; eine Gesellschaft, die keinen Willen geäussert hat, kann auch keine Schuld haben, folglich nicht für eine solche haftbar gemacht werden. Ueberdies: selbst wenn die Gesellschaft den Versuch gemacht hätte, einen dahin zielenden Gesellschaftswillen zu erklären und zur Geltung zu bringen, so unterlag dies von vornherein schweren staatsrechtlichen Bedenken, insoweit die oben unter III. nachgewiesene Gehorsamspflicht der T. E. zum Transvaal-Staate in Betracht kam.

Wenden wir diese Sätze auf die vorliegende Streitfrage an, so ergiebt sich: 1. es ist nicht festgestellt, ja nicht einmal behauptet, dass der Wille der Gesellschaft als solcher die Veranlassung gewesen wäre für diejenigen Handlungen, welche als „Verletzungen der Neutralität" erklärt werden; 2. folglich könnten auch nur Einzelpersonen hierfür haftbar gemacht werden.

Die Gesellschaft selbst hat ihren Sitz in weiter Entfernung vom Kriegsschauplatz, in Amsterdam; der Aufsichtsrath bezw. die Generalversammlung, die allein einen Willen der Gesellschaft, den Direction und Beamte zu vollziehen haben, auszusprechen in der Lage sind, bestehen aus Mitgliedern, die wieder ihren Wohnsitz in weiter Entfernung, z. B. in Berlin, haben; der Aufsichtsrath hat einen Gesellschaftswillen positiv im Sinne der behaupteten „Verletzungen der Neutralität" nicht geäussert; ein negatives Eingreifen im Einzelnen zur Verhinderung solcher Handlungen war schon wegen der weiten Entfernung, der Unsicherheit der Verbindungen, der Ungewissheit der ganzen Lage auf dem Kriegsschauplatze völlig ausgeschlossen. Eine auch nur einigermassen sichere Grenze zu ziehen zwischen der auch völkerrechtlich unantastbaren Unterthanenpflicht des Gehorsams gegenüber der Staatsgewalt, die die T. E. zu erfüllen hatte, und der etwaigen Gefahr der Freibeuterei, der sich die Gesellschaft durch Vornahme von Kriegshandlungen ohne staatliche Autorisation aussetzte, war in Amsterdam und Berlin ganz unmöglich. Die Gesellschaft konnte verständiger Weise hier gar nicht eingreifen; sie musste ihren Beamten an Ort und Stelle hierin Freiheit lassen; für etwaige Freibeuterei wären diese Beamten, besonders die Direction, als Einzelne verantwortlich, nicht aber die Gesellschaft, die weder positiv etwas Völkerrechtswidriges that, noch negativ etwas unterliess, was von ihr zur Verhinderung völkerrechtswidriger Handlungen vernünftiger Weise gefordert werden konnte.

Die Beamten und Angestellten der Gesellschaft waren überdies mit der Gesellschaft lediglich durch privatrechtlichen Dienstvertrag verbunden; eine in den Rahmen der staatsrechtlichen Unterthanenpflichten hineinreichende Dienstanweisung war auf diesem juristischen Boden des Privatrechtes gar nicht möglich. Eine solche aber wäre es gewesen, wenn die Gesellschaft ihren Angestellten den Befehl ertheilt hätte, dem Transvaal-Staat die geforderten Dienste für die Kriegführung nicht zu leisten. Die Gesellschaft und ihr Personal hätten sich dadurch unter Umständen der strafrechtlichen Verantwortung wegen Hochverraths ausgesetzt. Die in den Verhandlungen der Untersuchungscommission und in der englischen Presse als Pflicht der T. E. behauptete „Neutralität“ war unter Umständen Hochverrath gegen den eigenen Staat. Uebrigens wurde in D. O. N. 33 Z. 4 ausdrücklich erklärt, dass das zu Kriegsdiensten einberufene Personal als „**nicht** im Dienste der Gesellschaft stehend angesehen“ werde.

Es wird überdies wiederholt entschieden bestritten, auch dass die Beamten und Angestellten sich in irgend erheblichem Umfange Dinge zu Schulden kommen liessen, welche über ihren pflichtmässigen Gehorsam gegenüber dem Transvaal-Staate hinausgingen.

Aber selbst wenn dies der Fall war, kann hierfür nicht die Gesellschaft, sondern können nur die Einzelnen haftbar gemacht werden: der Wille der Gesellschaft ist weder positiv noch negativ an diesen Handlungen der Einzelnen betheiligt.

England mochte, falls es der Ueberzeugung war, es handle sich um völkerrechtswidrige Freibeuterei, den Director und die Bediensteten der Gesellschaft, die leitend oder handelnd am Kriege theilnahmen, beseitigen und vernichten mit jedem geeignet erscheinenden Mittel: die Gesellschaft für die Handlungen dieser Personen haftbar machen, könnte England nur dann, wenn es positive Beweise dafür hätte, dass jene Personen einen auf völkerrechtswidrige Theilnahme am Kriege ohne staatliche Autorisation gerichteten Willen der Gesellschaft vollzogen hätten. Dieser Beweis aber ist absolut nicht zu erbringen, darum steht die Gesellschaft unter den Grundsätzen von der Unverletzlichkeit des Privateigenthums, bezw. der vollen Entschädigungspflicht, falls das Privateigenthum für Kriegszwecke in Anspruch genommen werden muss.

Einigermaassen bedenklich sind in dieser Richtung nur zwei Punkte, und eine unparteiische Darlegung darf nicht unterlassen, diese beiden Punkte zu berühren.

Einmal war der Director der Eisenbahn nicht kraft seiner Gehorsamspflicht verpflichtet, Zahlungen des Transvaal-Staates in Laurenço-Marques zu leisten. Mit der Eisenbahn-Gesellschaft hat dies gar nichts zu thun. Diese Weisungen des Staates hätte der Director immerhin ablehnen können; doch mögen diese Transactionen auf einer auch schon früher geübten Geschäftspraxis beruhen und sind jedenfalls zu geringfügig, um als nennenswerthe Verletzung des Rechtes angesprochen werden zu können.

Ferner muss es zwar als Erfüllung des Unterthanengehorsams anerkannt werden, dass der Director diejenigen Mannschaften, welche zum Kriegsdienst verlangt wurden, sowie diejenigen, die freiwillig eintraten, soweit sie entbehrt werden konnten, an die Transvaal'schen Militärstellen abgab; selbst eine financielle Subvention der Art, dass unter Voraussetzung des späteren Wiedereintrittes in den Eisenbahndienst ein Theil des Gehaltes ($1/2$ bei Unverheiratheten, $2/3$ bei Verheiratheten) fortbezahlt wurde, unterliegt keinen rechtlichen Bedenken, zumal in früheren Fällen ebenso verfahren worden war und alle diese Mannschaften formell aus dem Eisenbahndienst entlassen wurden.

Dass aber Personen, die den Eintritt in das Heer verweigerten, deshalb des Dienstes entlassen wurden, scheint allerdings auf den ersten Blick rechtlich unzulässig zu sein. Der Director rechtfertigt diese Maassnahmen — es sind nur drei Fälle dieser Art vorgekommen — damit, dass in Folge der Einschränkung des Eisenbahnbetriebes für diese Leute keine Beschäftigung mehr vorhanden war und in den Dienstverträgen ausdrücklich der Gesellschaft das Recht vorbehalten sei, „den Angestellten aus dem Dienst zu entlassen, wenn seine Dienste nicht mehr gebraucht werden oder auch ohne Angabe von Gründen“.

Das Grundgesetz von Transvaal Art. 23 enthält überdies nach dieser Richtung die absolute Vorschrift: „Im Falle eines feindlichen Einfalls von Aussen soll jeder ohne Unterschied verpflichtet sein, in Erfüllung des Kriegsgesetzes seinen Beistand zur Vertheidigung des Staates zu leisten.“ Nur unter der Voraussetzung dieser verfassungsmässigen Zwangspflicht zum Kriegsdienste mochte wohl die Direction der T. E. sich dazu bereit finden lassen, in der oben bezeichneten Weise einen Theil des Gehaltes an ihre im Militärdienst stehenden früheren Angestellten fortzuzahlen.

Dass diese Vorschrift des Transvaalschen Staatsgrundgesetzes in ihrer absoluten, jede Rücksicht auf fremde Staatsangehörigkeit ausschliessenden Fassung schweren völkerrechtlichen Bedenken unterliegt, ist gewiss nicht zu bestreiten. Dafür aber ist nicht die Transvaal-Eisenbahn-Gesellschaft und selbstverständlich ebenso wenig deren Director verantwortlich, sondern nur und ausschliesslich der Transvaal-**Staat.** Dass gegen jene Bestimmung des Staatsgrundgesetzes von fremden Mächten hätte Einspruch erhoben werden können, ist zweifellos; geschehen ist es, soviel bekannt, nicht. Nur für die Angehörigen einzelner Staaten (England, Deutsches Reich) bestand auf Grund von Staatsverträgen Freiheit vom Militärdienst. Jedenfalls war das ephemere Comité in Pretoria nicht die Instanz, diesen Punkt zu erörtern und der gewissermaassen auf die Anklagebank dafür gesetzte Director der T. E. nicht die zur Verantwortung für jene Verfassungsvorschrift verpflichtete Stelle; der gegen den Director von einem Mitglied des Comités erhobene Vorwurf, er habe durch Befolgung jener Verfassungsvorschrift „zur Errichtung einer organisirten Streitmacht mitgewirkt“, ist staats- und völkerrechtlich absurd.

Die Vorschriften, welche die Direction der T. E. über die ganze Frage erliess, sind in der Dienstordre 33 enthalten.[1]) Mehrfach scheinen hierüber Reclamationen an fremde Consuln seitens ihrer Nationalen gerichtet worden zu sein. Die Direction nahm desshalb Anlass, jene Dienstordre den Consulaten amtlich mitzutheilen; von Seiten des französischen und deutschen Consulates erfolgte daraufhin die Erklärung, dass dieselbe als dem Recht und der Billigkeit entsprechend anzuerkennen sei.[2])

Uebrigens wurde in dieser D. O. No. 33 in Z. 3 demjenigen Personal, welches, ohne commandirt zu sein, ins Heer eintrat, obwohl es für unabkömmlich beim Eisenbahndienst erklärt war, Entlassung angedroht; es wurde ferner officiell von der Direction erklärt, dass das im Kriegsdienst stehende Personal keinen Pensionsanspruch gegen die Gesellschaft habe; dass überhaupt dieses Personal, wie oben bereits bemerkt, in keiner Weise als im Dienste der Gesellschaft stehend angesehen werden könne.

Unter diesen Umständen wird man bei näherer Untersuchung auch in dieser Frage das Verhalten der Direction als vom Standpunkte des Völkerrechtes einwandsfrei anerkennen müssen.

---

[1]) Urkunde No. 8.
[2]) Urkunden No. 9, 10, 11.

In jedem Falle aber könnte für diese Maassregeln, auch wenn sie im Völkerrecht nicht begründet gewesen wären, nicht die Gesellschaft, sondern nur der geschäftsführende Director verantwortlich gemacht werden.

V.

Die Rechte des Occupanten.

Die T. E. ist zur Zeit in den Händen Englands. Mit Schreiben vom 12. September 1900 wurde die ganze Bahn in englische Militär-Verwaltung übernommen: „all the roadway, buildings, material and other equipment of the said Company which have fallen or may fall into the hands of Her Majestys Forces shall be seized and held for disposal in such manner, as Her Majestys Government shall see fit to direct.“

Am 5. Juni bereits war Pretoria von den Engländern besetzt und am 7. Juni die Bureaus der T. E. in englische Gewalt genommen worden; für längere Zeit wurden sie dann auf Grund einer eidlichen Garantie des Directors unter dessen Verwaltung belassen, bis am 3. August die formelle Beschlagnahme erfolgte und weiterhin unterm 12. September die obige Verfügung erging, auf Grund deren mit 1. October die Bücher der Gesellschaft abgeschlossen und Alles in englische Gewalt übergeben wurde. Die Frage, ob die Macht Englands provisorische Militärgewalt des Occupanten oder definitive Staatsgewalt auf Grund des völkerrechtlichen Rechtstitels der Eroberung, debellatio, sei, ist, wie oben bereits bemerkt, gleichgiltig.

Welche Rechte hat England auf Grund dieser Gewalt?

Auf Grund des kriegsrechtlichen Rechtstitels der occupatio ist England befugt, alle Rechte der

Staatsgewalt über die T. E. auszuüben.[1]) Es würde heissen, alle militärischen Nothwendigkeiten zu Gunsten eines theoretischen Idealismus preisgeben, wollte man dem Rechte des Occupanten in dieser Beziehung irgend welche Schranken ziehen. Die auf der Haager Conferenz über diesen Punkt gepflogenen Erörterungen waren überaus lehrreich.[2]) Der von dem bekannten belgischen Staatsmann Beernaert gemachte Versuch, eine Anerkennung der Conferenz für das Princip zu gewinnen: der Occupant habe keine „Rechte" an und in dem occupirten Gebiet — musste als unpraktischer theoretischer Idealismus scheitern an der harten thatsächlichen Nothwendigkeit, welche der Krieg gebieterisch aufzwingt.

Man wird demgemäss auch in dem vorliegenden Falle die gebieterische Nothwendigkeit des Krieges, den Grundsatz, dass Beschlagnahmen von Eisenbahnen immer sind „impérieusement commandées par les nécessités de la guerre" (Haager Conv. Art. 23 sub f.), rückhaltlos als Ausgangspunkt anzuerkennen haben; nur die Frage wird erörtert werden dürfen, ob und bezw. aus welchem Grunde der Occupant kraft der ihm zustehenden schrankenlosen Ausübung von Rechten der Staatsgewalt bestehende Privatrechte vernichten kann und ob für die Inanspruchnahme von Privateigenthum für Kriegszwecke durch den Occupanten Entschädigung geleistet werden muss.

Der Occupant hat demgemäss die Befugniss, zu verhindern, dass eine Eisenbahn den Zwecken des Feindes dient; er ist berechtigt, dies zu verbieten und mit allen ihm zu Gebote stehenden thatsächlichen Mitteln zu verhindern. Er ist ferner befugt, die Eisenbahn für seine Zwecke zu benutzen und auch dies mit allen ihm zu Gebote stehenden Mitteln durch-

[1]) Halleck II, S. 433 ff. Calvo IV, S. 260 ff. Travers Twiss Law of Nations S. 122: „takes possession — — of the Sovereignty over it and may exercise the latter during such time as it remains in possession of the territory".

[2]) Vgl. Haager Conv. sur les lois et cout. de guerre Art. 53.

zusetzen. Die oben sub III dargelegte ungeheure Bedeutung der Eisenbahnen für militärische Zwecke, speciell im Kriege, gestattet nicht, in dieser Richtung dem Occupanten überhaupt irgendwelche Schranke zu ziehen. Der Occupant kann die Bahnanlage unter seine Botmässigkeit stellen; er kann das Material völlig nach den Bedürfnissen seiner militärischen Nothwendigkeiten in Gebrauch nehmen; er kann die Eisenbahngebäude und alle dem Betriebe dienenden Einrichtungen sammt allem dazu gehörigen beweglichen Material zu uneingeschränkter Benutzung für sich fordern; er kann die Werkstätten als Munitions- und Waffenfabriken für sich benutzen; er kann, falls der Krieg dies nothwendig macht, den gesammten Privatbetrieb einstellen lassen. In allen diesen Beziehungen ist das Recht des Occupanten das gleiche, wie das oben dargelegte Recht der legitimen Staatsgewalt selbst. Und darum besteht auch für alle diese Fragen kein Unterschied zwischen dem Zustand auf Grund des Rechtstitels der occupatio und demjenigen der effectiven debellatio; die Rechte aus letzterem Titel können hier nicht weiter reichen als aus ersterem.[1])

Eine völkerrechtliche Streitfrage ist es — auch die Haager Conferenz hat diesen Punkt unerledigt gelassen —, inwieweit das Personal an Beamten, Angestellten, Arbeitern dem Occupanten zur Verfügung steht und eventuell seiner Zwangsgewalt unterliegt. Aus dem allgemein anerkannten Principe, dass die Angehörigen eines Staates nicht zu kriegerischen Handlungen gegen ihren Staat gezwungen werden dürfen — Haager Conv. Art. 44: „il est interdit de forcer la population d'un territoire occupé à prendre part aux opérations militaires contre son propre pays“; vergl. Art. 52, — muss die Folgerung abgeleitet werden, dass eine Zwangsgewalt des Occupanten über fremdes Personal nicht anzuerkennen ist. Doch mag

---

[1]) L. v. Stein, Annuaire VIII, S. 202, will dem Occupanten nur „droit de commandement et de disposition“ einräumen, nicht aber eigene Verwaltung, diese müsse vielmehr bei Privateisenbahnen in bisheriger Weise fortgeführt werden; dagegen mit Recht Moynier ebenda S. 229.

diese Frage offen bleiben, da sie für die Entscheidung des vorwürfigen Streites nicht ausschlaggebend ist. Keinesfalls wird man von „Verletzung der Neutralität" sprechen dürfen, wenn Eisenbahnpersonal einer Gesellschaft sich, sei es aus eigenem Antrieb, sei es auf Anweisung von Vorgesetzten, dem Dienst des Occupanten entzieht. So unbegrenzt das Verfügungsrecht des Occupanten über Anlage, Material, Einrichtungen ist, so wenig wird man nach den Anschauungen der heutigen civilisirten Menschheit ein unbedingtes Verfügungsrecht des Occupanten über Menschen behaupten dürfen; hier wird man, da eine Unterthanenpflicht zu Gehorsam und Treue hier selbstverständlich nicht die Grundlage der Erörterung bilden kann,[1]) grundsätzlich den Gesichtspunkt der Freiwilligkeit entscheidend sein lassen müssen und einen Zwang nur für Einzelfälle äusserster Nothwendigkeit — Führer, Wagenlenker, augenblicklich nothwendige Bauten — zugeben dürfen.

Durch eine besondere Dienstordre No. 32[2]) wurden diese Verhältnisse der Beamten Seitens der Direction der T. E. geregelt. Diese Ordre wurde am 6. September 1899 mit Genehmigung des Regierungs-Commissares erlassen. Die Ordre steht durchaus im Einklang mit den völkerrechtlichen Grundsätzen; sie verbietet den Beamten und Angestellten grundsätzlich jede Theilnahme am Kampfe; weist sie an, grundsätzlich dem Feind keine Dienste zu leisten, sondern sich zurückzuziehen; nur in Ausnahmefällen, insbesondere in Folge ausgeübten Zwanges, ist solche Dienstleistung gestattet.

Ist somit das Verfügungsrecht des Occupanten, abgesehen vom Personal, ein unbeschränktes, so muss doch das private **Eigenthumsrecht** als solches anerkannt und respectirt werden. Die Haager Conv. Art. 46 hat dies Princip in folgenden Sätzen für die ganze civilisirte Welt formulirt: „L'honneur et les droits de la famille, la vie des individues et la propriété privée ainsi que les convictions

---

[1]) Lüder in Holtzendorff's Handbuch IV, 475.
[2]) Abgedruckt als Urkunde No. 12.

réligieuses et l'exercice des cultes doivent être respectés. La propriété privée ne peut pas être confisquée." Das gesammte Material der T. E. aber ist Privateigenthum, das bewegliche wie das unbewegliche.

Allerdings kann der Occupant auch in die Lage kommen, Privateigenthum vernichten zu müssen, beispielsweise um es der militärischen Benutzung durch den wieder vordringenden Feind zu entziehen. Aber in diesem Falle muss grundsätzlich eine Entschädigungspflicht und zwar primär des Occupanten behauptet werden. Diese Entschädigungspflicht ergiebt sich aus dem Princip der Unverletzlichkeit des Privateigenthums mit logischer Nothwendigkeit. Und wenn die Gewalt der Thatsachen im Kriege auch noch so oft zur Beugung dieses Princips in einzelnen Fällen führen mag: es ist dennoch ein grosses gemeinsames Interesse aller civilisirten Staaten, dass jenes so schwer errungene Princip, das einen der grössten Ruhmestitel der modernen Culturentwicklung bildet, immer wieder aufgerichtet und anerkannt wird. Dies Interesse ist ein für England mit allen civilisirten Mächten der Welt gemeinsames.

Das Völkerrecht hat lediglich die Pflicht, das Princip und die aus demselben sich ergebende nothwendige logische Folge zu betonen; die Ausführung im Einzelnen ist Thatfrage.

Auch in der Beschlagnahme der Archive an sich kann nichts Völkerrechtswidriges gefunden werden, selbst wenn in der Art des Vollzuges unverkennbare Härten zu Tage traten. Privatpapiere allerdings müssten nach den Grundsätzen des Privateigenthums behandelt werden. Ihre Kenntnissnahme würde die Kriegsnothwendigkeit rechtfertigen. Nach erfolgter Durchsuchung und Kenntnissnahme, eventuell Herstellung der erforderlich scheinenden Abschriften, müssen Privatpapiere dem Eigenthümer herausgegeben werden. Dass letzteres nicht geschah, widerspricht den Grundsätzen des Völkerrechts auch dann, wenn, wie dies thatsächlich geschah, die Herstellung von Abschriften gestattet wurde.

VI.

Die Entschädigungspflicht.

Der Occupant kann aus thatsächlichen Gründen genöthigt sein, Verwaltung und Betrieb einer im Occupationsgebiet belegenen Eisenbahn ganz in seine Hand zu nehmen. Die Befugniss hierzu kann dem Occupanten völkerrechtlich in keiner Weise bestritten werden. Ob der Occupant in solchem Falle das vorhandene Beamten- und Arbeiterpersonal beibehalten oder ganz oder theilweise entlassen will, steht gleichfalls durchaus in seinem freien Ermessen. England hat nach erfolgter Occupation die T. E. in seine rein militärische Verwaltung übernommen; dagegen kann kein auf das Völkerrecht gestützter Einwand erhoben werden (s. oben S. 30 N. 1). Die Organe der T. E. haben auf Anweisung der englischen Militärbehörden alles gethan, was nach dieser Richtung gefordert wurde. Gegenüber den Anordnungen der englischen Militärgewalt ist seitens der Organe der T. E. auch nicht der mindeste directe oder indirecte Widerstand geleistet worden. Alle Anlagen, Materialien und Archivalien wurden ohne Widerspruch ausgeliefert und nur bezüglich der Beschlagnahme von Privatpapieren Bedenken erhoben.

Aber das Eigenthumsverhältniss blieb durch alle diese Maassregeln gänzlich unberührt; die Eisenbahn und alles was dazu gehört an Mobilien und Immobilien blieb auch unter der völkerrechtlich zulässigen militärischen Verwaltung Englands nicht mehr und nicht weniger als **Privateigenthum der T. E.-Gesellschaft.** Die Eisenbahn mit allem Zubehör steht somit nach wie vor unter den als festes völkerrechtliches Princip anerkannten Grundsätzen über die Unverletzlichkeit des Privateigenthumes im Landkriege und jede Wegnahme von Eisenbahnmaterial etc. ohne Entschädigung wäre dem Inhalte nach das gleiche völkerrechtliche Delict wie Beutemachen, Marodiren, Plündern. Ob das Personal, das als unzuverlässig erachtet wird, ohne Entschädigung entlassen werden kann, mag dahingestellt bleiben; diese Frage kann als streitig angesehen werden; unstreitig aber ist der privatrechtliche Eigenthums-Charakter des gesammten beweglichen und unbeweglichen Materials einer Privat-Eisenbahngesellschaft und demgemäss der völkerrechtliche Schutz dieses Privateigenthums auch nach erfolgter Occupation und Debellation.[1])

Die Benutzung dieses Privateigenthums, welche, wie oben dargelegt, in unbeschränkter Weise seitens des Occupanten erfolgen kann, ist demnach Benutzung fremden Privateigenthums und kann als solche nur gegen Entgelt erfolgen: der Occupant ist nach unbestreitbaren allgemeinen Rechtsgrundsätzen entschädigungspflichtig. Hierüber herrscht in der Theorie des Völkerrechts volles und unbedingtes Einverständniss.[2]) In welcher Weise diese Entschädigung festzustellen und wie hoch sie zu bemessen sei, ist lediglich Thatfrage; für die gegenwärtige Erörterung kommt es nur darauf an, das Princip der Entschädigung festzustellen.

Die völkerrechtliche Stellung des Occupanten ist solchem Privateigenthum gegenüber in Folge des strengen Rechtsgrundsatzes der Unverletzlichkeit des Privateigenthums im Landkriege, an dem unverbrüchlich festzuhalten alle civilisirten Staaten zugleich als höchste Ehrenpflicht betrachten, keine

---

[1]) Halleck 3. A. II, S. 448: „military occupation produces no effect upon private property".

[2]) Liszt 129, 211, 222, 229. Ullmann 335 ff., der selbst das rollende Material der Staatseisenbahnen unter das Restitutions- bezw. Entschädigungsprincip stellt, ebenso Moynier, Annuaire VIII, 226 f, der das Verhältniss als „sequestration provisoire" bezeichnet, ferner Lueder in Holtzendorff's Handb. IV, S. 517, 523 No. 42. Heffter-Geffcken 279 („pro tempore-Usufructuar"). Bluntschli 260, bes. 360. Rivier, Lehrb. S. 423, 417. Calvo IV, S. 261, speciell über die deutsche Praxis 1870/71: die Entschädigungspflicht für die Benutzung von Privateisenbahnen wurde unbedingt anerkannt und im weitesten Umfang erfüllt.

andere als die des eigenen Staates. Und wie der Staat grundsätzlich bei Inanspruchnahme von Privateigenthum für Kriegszwecke seine Entschädigungspflicht anerkennt — man vergleiche als Beispiel die Vorschriften des deutschen Kriegsleistungs-Gesetzes vom 13. Juni 1873 § 2 Abs. 2 („für diese Leistungen ist nach den Bestimmungen dieses Gesetzes Vergütung aus Reichsmitteln zu gewähren") §§ 9—15, 19—22, 24, 25, 29, 30, 35 — so muss dies auch der Occupant auf der Grundlage des Princips von der Unverletzlichkeit des Privateigenthums im Kriege thun.

Eine definitive Regelung der Rechtsverhältnisse von Eisenbahnen wird während der Dauer des Krieges kaum durchführbar sein. Es ist sehr wohl denkbar, dass der Occupant aus allgemeinen oder besonderen Gründen eine andere Regelung der Rechtsverhältnisse von Eisenbahnen für nothwendig erachtet, als welche bisher bestand; für die provisorische Zeit der Occupation kann sofort eine anderweitige, insonderheit eine militärische Verwaltung eingerichtet werden; eine definitive Ordnung nach durchgeführter debellatio würde durch die Staatsgesetzgebung des Eroberers zu erfolgen haben.

Dass diese Staatsgesetzgebung vor wohlerworbenen Rechten Halt machen müsste, darf nicht behauptet werden; die souveräne Staatsgesetzgebung ist hier durch kein Princip des Völkerrechtes beschränkt. Ist der Eroberer der Ueberzeugung, dass gewisse Verhältnisse im bisherigen Recht unrichtig geordnet waren, so kann er auf dem Wege des Gesetzes die ihm richtig erscheinende Neugestaltung durchführen; auch eine „Concession" wird der Staatsgesetzgebung gegenüber nicht als absolutes rechtliches Hinderniss angesehen werden dürfen, wenn auch ein civilisirter Staat nicht leichthin durch das Mittel der souveränen Staatsgesetzgebung über wohlerworbene und urkundlich verbriefte Rechte („jura quaesita") hinwegschreiten wird. Aber die Möglichkeit muss zugegeben werden; und gerade in Bezug auf Eisenbahnwesen mag wohl diese Möglichkeit zur gebieterischen Nothwendigkeit werden in Anbetracht der immer bestehenden Unsicherheit in der Wahrung der

Staatsinteressen durch Privat-Eisenbahngesellschaften. England hat im Gebiete des Mutterlandes diese Nothwendigkeit noch nicht erkannt; in Südafrika ist sie dem englischen Staate durch den Krieg ad oculos demonstrirt worden.

Aber kein civilisirter Staat wird in solchem Falle seine Entschädigungspflicht in Abrede stellen wollen, denn kein civilisirter Staat wird sich dem Vorwurf aussetzen wollen, Raub an Privateigenthum zu begehen.

England ist somit berechtigt, durch Gesetz die Concession der T. E. auch vor der Zeit ihres Ablaufes aufzuheben; vom Standpunkt des Völkerrechts kann gegen solches Vorgehen kein Einwand erhoben werden, die Gesellschaft muss es sich gefallen lassen.[1])

Aber England muss in diesem Falle die Gesellsellschaft voll entschädigen. Diese Entschädigungspflicht abzulehnen, weil „die Gesellschaft die Neutralität verletzt habe", ist völkerrechtlich undenkbar: weder ein Privatindividuum, noch eine Privatgesellschaft kann die „Neutralität verletzen", dies können nur Staaten, weil nur Staaten Subjecte von völkerrechtlichen Rechten und Pflichten sein können.

Haben einzelne Beamte oder Angestellte der Gesellschaft sich Handlungen zu Schulden kommen lassen, die über den Rahmen des dem Staate geschuldeten Unterthanengehorsams hinausgehen und sich als unzulässige Kriegshandlungen Einzelner darstellen, so konnte England hierfür diese Einzelnen haftbar machen, nicht aber die Gesellschaft. Eine Haftung der Gesellschaft könnte nur dann behauptet werden, wenn die Organe der Gesellschaft, insbesondere der Aufsichtsrath, dahin abzielende Befehle gegeben oder in schuldhafter Weise eine

[1]) Travers Twiss, Law of Nat. S. 127: „a victorious nation in acquiring the sovereignty de facto over a country, from which it has expelled its adversary, does not acquire any other rights than those which belonged to the expelled Sovereign; and to those such as they are with all their limitations and modifications he succeeds by Right of War."

Pflicht vernachlässigt hätten, die Beamten von derartigen Handlungen abzuhalten. Aber weder das Eine noch das Andere kann bewiesen werden und den in der Presse nach dieser Richtung erhobenen Beschuldigungen gegen die Gesellschaft als solche wird ausdrücklich widersprochen. Sind derartige Handlungen vorgekommen, so muss England sich an die Schuldigen halten; diese konnten, falls die Voraussetzungen gegeben waren, als Freibeuter behandelt und bestraft werden; solche Vorgänge mögen ferner für England Grund sein zu gesetzgeberischem Vorgehen behufs rechtmässiger Aufhebung der Concession gegen volle Entschädigung. Vollends ungerechtfertigt ist die Beschuldigung, dass Gelder der Gesellschaft zu antienglischer Agitation hergegeben worden seien. Die nach dieser Richtung angeführten Fälle rühren, mit Ausnahme der Zahlung an den Friedensapostel Hargrove, sämmtlich aus den Jahren 1896 und 1897, haben also mit dem Kriege auch nicht einmal einen äusseren Zusammenhang. Weder „illegal acts“ noch „violation of the laws of war“, welche dazu berechtigen könnten, „to seize and confiscate the private property“[1]), können der T. E. vorgeworfen und nachgewiesen werden.

Es wäre demnach einfach ein widerrechtlicher Gewaltact, solche Handlungen als Grund zu einer Aufhebung der Concession ohne Entschädigung zu nehmen, es wäre dies ein Verfahren, welches nicht nur dem Princip des Völkerrechts von der Unverletzlichkeit des Privateigenthums, sondern überhaupt den Grundprincipien des Rechts widerstreiten würde. Es erscheint geradezu unmöglich, dass ein Staat von der alten Civilisation Englands auch nur daran denken könnte, aus derartigen nothdürftig zurecht gemachten, aber für jeden Kenner des Völkerrechts in ihrer Nichtigkeit sofort erkennbaren Scheingründen Millionen von Privatcapital, das Privateigenthum von am Kriege gänzlich unbetheiligten und demselben völlig fernstehenden Personen mit einem Feder-

---

[1]) Halleck II, S. 68. Oke Manning S. 188.

striche zu vernichten. Der Staat England hat auch meines Wissens diese Absicht nicht ausgesprochen; nur in einer, man muss annehmen: über die Thatsachen und deren völkerrechtliche Beurtheilung wenig unterrichteten Presse sind solche Ansichten hervorgetreten. Aber es hiesse Englands Ehre beleidigen, wollte man der Regierung dieses Staates einen solchen brutalen Gewaltact gegen Privateigenthum zutrauen.

Wie die Entschädigung im einzelnen Falle zu berechnen sei, ist Thatfrage, die hier, wo es sich lediglich um Feststellung des völkerrechtlichen Principes handelt, unerörtert bleiben kann; es mag nur mit einem Worte darauf hingewiesen werden, dass Art. 27 der Concession, der die Entschädigungsfrage für den eventuellen Fall der Uebernahme der T. E. durch den Transvaal-Staat regelt, hierfür dann eine vollkommen brauchbare und sichere Unterlage bietet, wenn es sich um den vollständigen Uebergang der T. E. in englische Staatshoheit und zugleich um Uebergang in das Privateigenthum des englischen Staates handelt. Wenn auch nicht im streng rechtlichen Sinne, so doch im Sinne der Gerechtigkeit und Billigkeit kann für diesen Fall England jedenfalls als eine Art Rechtsnachfolger des Transvaal-Staates in Bezug auf die aus der Concession sich ergebenden Rechte und Pflichten betrachtet werden (vgl. die oben S. 38 No. 1 angeführte präcise Aeusserung von Travers Twiss).

Der deutsch-französische Krieg bietet eine schlagende Parallele zu der gegenwärtigen Streitfrage; die juristischen Gründe der Entscheidung sind hier wie dort genau die nämlichen.

Der Complex der heutigen elsass-lothringischen Eisenbahnen stand zur Zeit des Krieges in französischem Privateigenthum einer Gesellschaft. Während des Krieges that diese Gesellschaft selbstverständlich Alles, was nur in ihren Kräften stand, um die französische Kriegführung zu fördern und zu schützen, die deutsche dagegen zu erschweren und zu schädigen. Die deutsche Staats- und Militärgewalt aber dachte nicht im Entferntesten daran, jener Gesellschaft hieraus einen Vorwurf zu machen oder etwa gar den ungeheuerlichen Vorwurf der „Verletzung der Neutralität" gegen sie zu erheben. Als dagegen belgische und besonders die luxemburgische Bahn in ähnlicher Weise Kriegshandlungen begingen, da richtete Graf Bismarck jene berühmte Circulardepesche vom 3. December 1870 an die Grossmächte, worin er ausführte: wenn diese Kriegshandlungen durch Eisenbahnen, die im Gebiet neutraler Staaten belegen seien, fortdauerten, würde deutscherseits die Neutralität jener für das Verhalten ihrer Eisenbahnen verantwortlichen Staaten nicht mehr anerkannt, also die betreffenden Staaten würden wegen Verletzung der Neutralität zur Rechenschaft gezogen werden müssen.

Eine Vergleichung der beiden Fälle ist höchst lehrreich für die scharfe Präcisirung der juristischen Kernpunkte.

Als dann das Netz der elsass-lothringischen Bahnen deutscherseits occupirt war, wurden dieselben unter deutsche Verwaltung genommen und, insoweit dies erforderlich war, mit Material und Personal ausgestattet, welches deutschen Eisenbahnverwaltungen entnommen und welches diese zu liefern gesetzlich verpflichtet waren. In gleicher Weise wurde verfahren in dem ganzen übrigen weiterhin in Frankreich occupirten Gebiete. Dies ist die genaue Parallele zu dem auf Befehl des Transvaal-Staates erfolgten Verfahren der T. E. im Oranje-Freistaat, Natal und Capland.

Als dann endlich der definitive Zustand der debellatio für Elsass-Lothringen hergestellt und im Friedensvertrag anerkannt war, dachte man deutscherseits nicht daran, das französische Privat- bezw. Gesellschaftseigenthum etwa mit einem Federstriche zu cassiren durch Verwendung des ungeheuerlichen Satzes: jene Gesellschaft habe „die Neutralität verletzt", sondern man bezahlte deutscherseits für den Uebergang jener Eisenbahnen in das Privateigenthum des Deutschen Reiches die nach der Meinung volkswirthschaftlicher Autoritäten viel zu hoch bemessene Entschädigungssumme von 975 Millionen Mark.

Die Parallele ist in jedem Punkte schlagend für die vorwürfige Streitfrage. England wird in deren Lösung keinen anderen Weg gehen können, wie damals das Deutsche Reich der französischen Privatbahngesellschaft gegenüber, falls es sich nicht dem Vorwurfe eines brutalen Gewaltaktes vor der Welt aussetzen will.

„Le matériel des chemin de fer — — même appartenant à des sociétés ou à des personnes privées, sont également des moyens de nature à servir aux opérations de la guerre" — können somit beschlagnahmt werden —, „mais devront être restitués et **les indemnités seront réglées** à la paix" (Haager Conv. Art. 53 Al. 2); der für die Regelung der Entschädigungsfrage in diesem Artikel vorausgesetzte Friedensstand — „à la paix" — tritt rechtlich entweder durch formellen Friedensvertrag oder durch Eroberung und Annexion — „debellatio" — ein.

Ueber die Entschädigungspflicht kann somit vom Standpunkt des Völkerrechts aus auch nicht der mindeste Zweifel bestehen.

Die Frage des Rechtsverhältnisses der Eisenbahnen in occupirtem Lande hat das Institut de droit international mehrfach in eingehender Weise beschäftigt. Der berühmte Wiener Rechtslehrer Lorenz v. Stein erstattete dem Institut ein ausführliches werthvolles Gutachten[1]) über die Frage, auf Grund dessen dann in der Sitzung des Jahres 1887 verhandelt und eine Reihe von Thesen[2]) formulirt wurde. In den Verhandlungen ergaben sich Verschiedenheiten der Meinungen und die Frage kam nicht zu definitivem Abschluss, einmal wegen der Schwierigkeiten bezüglich der Behandlung neutraler Bahnen durch die kriegführenden Mächte, sodann wegen der Frage der Restitutionspflicht von rollendem Material auch der Staatseisenbahnen Seitens des Occupanten. Ueber diese beiden Punkte wurde ein Einverständniss nicht

---

[1]) Abgedruckt Revue de droit internat. XVII, S. 332ff. u. Annuaire de l'Institut VIII, 179ff., die Verhandlungen ebenda S. 216ff. u. IX, 256ff.

[2]) S. dieselben unten Urk. No. 13.

erzielt. Darüber aber, dass Privatbahnen im Kriegsgebiet Privateigenthum sind und bleiben und als solches vom Occupanten geachtet werden müssen, herrschte lückenloses Einverständniss. Insbesondere vertrat auch der Genfer Moynier diese Ansicht.[1])

> „L'argent du chemin de fer privé reste sa propriété vis-à-vis de tous les belligérants" — „le parti occupant ne peut pas demander compte de l'administration et il ne peut jamais acquérir le droit de vendre, en tout ou en partie, les immeubles ni les meubles" — „l'occupant a à sa disposition libre et irresponsable l'usage des immeubles quant au transport mais il n'a pas d'autre chose" — „il est tenu de bien administrer le fonds roulant privé, de le conserver en bon état et de le restituer à la fin de la guerre tel qu'il l'a reçu, car il est responsable de sa substance",

so formulirte L. v. Stein die entscheidenden Gesichtspunkte, in erheblichen Momenten also viel enger, als dies in obiger Darstellung geschehen ist.

Ueber die volle und unbedingte Entschädigungspflicht des Occupanten gegenüber dem Privateigenthümer für den Gebrauch der Eisenbahn, sowohl ihrer Mobilien als ihrer Immobilien, bestand unter den Mitgliedern des Instituts auch nicht der leiseste Zweifel, denn der Occupant „n'en acquiert jamais la propriété" durch die Thatsache der Occupation allein.

VII.

Die verfassungsmässige Schutzpflicht des Reichs.

Was das an der T. E. betheiligte holländische Capital betrifft, so besteht weder eine Pflicht noch ein Recht der

---

[1]) Annuaire IX, S. 271.

deutschen Staatsgewalt zu dessen Schutz. Eine Trennung der holländischen und der deutschen Interessen wird aber nach der thatsächlichen Lage der Dinge schwer möglich sein. Die deutschen Interessen an der T. E. stehen jedenfalls unter dem Schutze des Reichs und die Reichsorgane sind verfassungsmässig zu diesem Schutze verpflichtet, denn „dem Auslande gegenüber haben alle Deutschen gleichmässig Anspruch auf den Schutz des Reichs“ (RV. Art. 3 Abs. 6).

Urkunden.

№ 1.

A Convention between Her Majesty the Queen of the United Kingdom of Great Britain and Ireland and the South African Republic.

Article I.

The Territory of the South African Republic will embrace the land lying between the following boundaries, to wit etc.:

Article II.

The Government of the South African Republic will strictly adhere to the boundaries defined in the first Article of this Convention, and will do its utmost to prevent any of its inhabitant from making any encroachments upon lands beyond the said boundaries. The Government of the South African Republic will appoint Commissioners upon the eastern and western borders whose duty it will be strictly to guard against irregularities and all trespassing over the boundaries. Her Majesty's Government will, if necessary, appoint Commissioners in the native territories outside eastern and western borders of the South African Republic to maintain order and prevent encroachments.

Her Majesty's Government and the Government of the South African Republic will each appoint a person to proceed together to beacon off the amended south-west boundary as described in Article 1 of this Convention; and the President of the Orange Free State shall be requested to appoint a reference to whom the said persons shall refer any questions on which they may disagree respecting the interpretation of the said Article, and the decision of such reference thereon shall be final. The arrangement already made, under the terms of Article 19 of the Convention of Pretoria of the 3rd August 1881, between the owners of the farms Greetfontein and Valleifontein on the one hand, and the Barolong authorities on the other, by which a fair share of the water supply of the said farms shall be allowed to flew undisturbed to the said Barolongs, shall continue in force.

Article III.

If a British Officer is appointed to reside at Pretoria or elsewhere within the South African Republic to discharge functions analogous to those of a Consular Officer he will receive the protection and assistance of the Republic.

Article IV.

The South African Republic will conclude no treaty or engagement with any State or nation other than the Orange Free State, nor with any native tribe to the eastward or westward of the Republic, until the same has been approved by Her Majesty the Queen.

Such approval shall be considered to have been granted if Her Majesty's Government shall not, within six months after receiving a copy of such treaty (which shall be delivered to them immediately upon its completion), have notified that the conclusion of such treaty is in conflict with the interests of Great Britain or of any of Her Majesty's possessions in South Africa.

Article V.

The South African Republic will be liable for any balance which may still remain due of the debts for which it was liable at the date of annexation, to wit, the Cape Commercial Bank Loan, the Railway Loan, and the Orphan Chamber Debt, which debts will be a first charge upon the revenues of the Republic. The South African Republic will moreover be liable to Her Majesty's Government for 250 000 l, which will be a second charge upon tho revenues of the Republic.

Article VI.

The debt due as aforesaid by the South African Republic to Her Majesty's Government will bear interest at the rate of three and a half per cent. from the date of the ratification of this Convention, and shall be repayable by a payment for interest and Sinking Fund of six pounds and ninepence per 100 l per annum, which will extinguish the debt in twenty-five years. The said payment of six pounds and ninepence per 100 l shall be payable halfyearly, in British currency, at the close of each half year from the date of such ratification: Provided always that the South African Republic shall be at liberty at the close of any half year to pay off the whole or any portion of the outstanding debt.

Interest at the rate of three and a half per cent. on the debt as standing under the Convention of Pretoria shall as heretofore be paid to the date of the ratification of this Convention.

Article VII.

All persons who held property in the Transvaal on the 8th day of August 1881, and still hold the same, will continue to enjoy the rights of property which they have enjoyed since the 12th April 1877. No person who has remained loyal to Her Majesty during the late hostilities shall suffer any molestation by reason of this loyalty; or be liable to any criminal prosecution or civil action for any part taken in connexion with such hostilities; and all such persons will have full liberty to reside in the country, with enjoyment of all civil rights, and protection for their persons and property.

Article VIII.

The South African Republic renews the declaration made in the Sand River Convention, and in the Convention of Pretoria, that no slavery or apprenticeship partaging of slavery will be tolerated by the Government of the said Republic.

Article IX.

There will continue to be complete freedom of religion and protection from molestation for all denominations, provided the same be not inconsistent with morality and good order; and no disability shall attach to any person in regard to rights of property by reason of the religious opinions which he holds.

Article X.

The British Officer appointed to reside in the South African Republic will receive every assistance from the Government of the said Republic in making due provision for the proper care and preservation of the graves of such of Her Majesty's Forces as have died in the Transvaal; and if need be, for the appropriation of land for the purpose.

Article XI.

All grants or titles issued at any time by the Transvaal Government in respect of land outside the boundary of the South African Republic, as defined in Article 1, shall be considered invalid and of no effect, except in so far as any such grant or title relates to land that falls within the boundary of the South African Republic; and all persons holding any such grant so considered invalid and of no effect will receive from the Government of the South African Republic such compensation, either in land or in money, as the Volksraad shall determine. In all cases in which any Native Chiefs or other authorities outside the said boundaries have received any adequate consideration from the Government of the South African Republic for land excluded from the Transvaal by the first Article of this Convention, or where permanent improvements have been made on the land, the High Commissioner will recover from the native authorities fair compensation for the loss of the land thus excluded, or of the permanent improvements thereon.

Article XII.

The independence of the Swazis, within the boundary line of Swaziland, as indicated in the first Article of this Convention, will be fully recognised.

Article XIII.

Except in pursuance of any treaty or engagement made as provided in Article 4 of this Convention, no other or higher duties shall be imposed on the importation into the South African Republic of any article coming from any part of Her Majesty's dominions than are or may be imposed on the like article coming from any other place or country; nor will any prohibition be maintained or imposed on the importation into the South African Republic of any article coming from any part of Her Majesty's dominions which shall not equally extend to the like article coming from any other place or country. And in like manner the same treatment shall be given to any article coming to Great Britain from the South African Republic as to the like article coming from any other place or country.

These provisions do not preclude the consideration of special arrangements as to import duties and commercial relations between the South African Republic and any of Her Majesty's colonies or possessions.

Article XIV.

All persons, other than natives, conforming themselves to the laws of the South African Republic *(a)* will have full liberty, with their families, to enter, travel, or reside in any part of the South African Republic; *(b)* they will be entitled to hire or possess houses, manufactories, warehouses, shops, and premises; *(c)* they may carry on their commerce either in person or by any agents whom they may think fit to employ; *(d)* they will not be subject, in respect of their persons or property, or in respect of their commerce or industry, to any taxes, whether general or local, other than those which are or may be imposed upon citizens of the said Republic.

Article XV.

All persons, other than natives, who established their domicile in the Transvaal between the 12th day of April 1877 and the 8th August 1881, and who within twelve months after such last-mentioned date have had their names registered by the British Resident, shall be exempt from all compulsory military service whatever.

Article XVI.

Provision shall hereafter be made by a separate instrument for the mutual extradition of criminals, and also for the surrender of deserters from Her Majesty's Forces.

Article XVII.

All debts contracted between the 12th April 1877 and the 8th August 1881 will be payable in the same currency in which they may have been contracted.

Article XVIII.

No grants of land which may have been made, and no transfers or mortgages which may have been passed between the 12th April 1877 and the 8th August 1881, will be invalidated by reason merely of their having been made or passed between such dates.

All transfers to the British Secretary for Native Affairs in trust for natives will remain in force, an officer of the South African Republic taking the place of such Secretary for Native Affairs.

Article XIX.

The Government of the South African Republic will engage faithfully to fulfil the assurances given, in accordance with the laws of the South African Republic, to the natives at the Pretoria Pitso by the Royal Commission in the presence of the Triumvirate and with their entire assent, (1) as to the freedom of the natives to buy or otherwise acquire land under certain conditions, (2) as to the appointment of a commission to mark out native locations, (3) as to the access of the natives to the courts of law, and (4) as to their being allowed to move freely within the country, or to leave it for any legal purpose, under a pass system.

Article XX.

This Convention will be ratified by a Volksraad of the South African Republic within the period of six months after its execution and in default of such ratification this Convention shall be null and void.

№ 2.

The Concessions Commission.

The following Government Notice is issued by His Excellency the High Commissioner for South Africa for general information.

J. G. Maxwell, Major General, Military Governor.

Pretoria, 12th September 1900.

High Commissioner's Notice No. 9 of 1900.

Notice is hereby given that every concession granted by the Government of the late South African Republic will be considered by Her Majesty's Government on its merits and Her Majesty's Government reserves the right to decline, to recognise, or to modify any concession which may appear, on examination, not to have been within the power of the Government of the late South African Republic, having regard to any Conventions or Agreements made between Her Majesty's Governments and the Governments of the late South African Republic;

Or to have been granted without proper legal authority;

Or contrary to law;

Or the conditions of wich have not been duly complied with;

Or which may appear to affect prejudicially the interests of the public.

By order of His Excellency the High Commissioner,

F. Perry, Acting Imperial Secretary.

Government House, Capetown, 8th September 1900.

The Commissioner appointed to inquire into the Concessions granted by the Government of the late South African Republic hereby give notice that they will in the first instance enquire into:

1. Any concession conferring the sole and exclusive right of manufacturing, importing or dealing in any commodity in the Transvaal.
2. Any Contract made with the Government of the late South African Republic under the scheme approved by the Volksraad Resolution No. 1871 of November 1896.
3. Any Concession to the National Bank or to any other Bank or Banking Institution.
4. Any Concessions or Contract for the construction or working of any railway or public tramway, or public supply of water or light.

The first sitting of the Commission will be held on October 1rst, 1900.

Notice will be subsequently given of the place of its sittings.

All persons desiring to be heard should communicate with the Commission before the above date.

Communications must be addressed to the Secretary Transvaal Concessions Commission, Library Buildings, Capetown.

Concessionaires should send the Secretary statements of any evidence which they desire to give and will be required to produce the documents on which they rely translated into English and notarially certified in duplicate.

Notice of objections to any Concession should also be sent to the Secretary, together with short statements of any evidence which it is desired to submit.

By order of the Transvaal Concessions Commission.

Bernhard Holland, Secretary to the Commission.

№ 3.

Proclamation.

Whereas a Commission has been appointed by Her Majesty's Government to enquire into and report upon certain consessions granted by the late Government of the South African Republic, and the Commissioners commence the said Enquiry at Pretoria on 10th October 1900.

Now, therefore notice is hereby given that all persons summoned by the said Commissioner to give evidence must attend and give evidence on oath before the said Commissioners and produce all documents and books which the said Commissioners require them to produce and which are in their procession, custody or control.

Any person failing to obey the said summons will by dealt with under Martial law.

God save the Queen.

Given under my hand and seal at Pretoria, on this the 10 day of October 1900.

Roberts,
Field Marshal, Commanding in Chief South-Africa.

№ 4.

The Netherland South African Railway Company, Limited.

Conditions of the Concession. 25th June, 1890.

Conditions of a concession for constructing and working a railway in the South African Republic from the Portuguese frontier to Pretoria Barberton Johannesburg and the Vaal River.

Part I.

The Railway to be constructed.

Section I.

This concession concerns the construction and the working of:

a) a railway which shall commence at the frontier of the Portuguese territory and there join the railway from Delagoa Bay and thence run in the direction of the Crocodile river to the Nelspruit;

b) a railway joining the line mentioned in Clause *a* to Pretoria Johannesburg and the Vaal River;

c) a railway from Barberton joining the railway mentioned in Clause *a*.

Section II.

The exclusive right is given to the concessionaire under the conditions of this concession to construct and work railways or light railways in the South African Republic which either join railways or light railways outside the Republic or navigable rivers or the sea or may be considered to compete with the railways for which a concession has already been granted to the Company or any parts thereof whenever the Volksraad resolve that such railways shall or may be constructed. This right does not apply to such railways or light railways as shall be constructed and worked by the State.

If during the continuance of this concession the Government should decide to transfer the working of such (State) railways the concessionaire shall undertake such working upon the conditions of this concession unless it is otherwise mutually agreed.

The concessionaire shall declare within three months after such resolution has been passed by the Volksraad whether he will exercise his right or not.

Section III.

The gauge shall be 1,067 Meter (3 ft. 6 in.).

But if a different gauge be adopted for the railway or light railway in the Portuguese territory a similar gauge shall be adopted for the above-mentioned railway.

Section IV.

The railway with its permanent way and engineering works shall be constructed for a single line with the exception of a double line for the necessary sidings.

Section V.

The course of the railway between the points named in Section I. and the places where the stations are to be constructed or which are to be used as stopping places as well as the works necessary for the free running of water and the free passage on the existing highways shall be determined by the concessionaire in consultation with the Government Commissioner.

Whenever it should appear to the concessionaire desirable or necessary in the interests of the undertaking he shall be allowed to utilise entirely or in part the existing highways and streets for the construction of the railway provided sufficient space be left for the ordinary traffic to the satisfaction of the Government Commissioner.

Section VI.

All lands necessary for the permanent way the stations and stopping places the signal boxes the dwelling houses and premises for the employees and other appartenances or buildings and for obtaining mortar ballast rock *(klip)* and limestone and other similar materials for cutting wood for the transport and removal of materials and earth for the diverting of roads rivers „spruits" and watercourses and for the constructing and the working of the railway generally shall be gratuitously and within a reasonable time placed by the Government at the disposal of the concessionaire, provided the concessionaire shall indemnify the Government in respect of the price paid by the Government in cases where expropriation has been unavoidable; these lands except such portions of lands as shall not be required (by him) for the purposes of the working of the railway shall be granted to the concessionaire for his use during the continuance of the concession.

In fixing the boundaries of these lands necessary provision shall simultaneously be made for the (eventual) construction of a double line and other extensions as well as for the prevention of grass and wood fires.

Section VII.

Exemption from import duties shall be granted to the concessionaire for all plant raw and other materials etc. which are necessary for the construction and working of the railway.

Section VIII.

If the Government should order or consent to the construction of roads canals etc. to run across the course of the railway mentioned in this concession or to join it the concessionaire shall not be entitled to prevent (or interfere with) such work.

All necessary arrangements shall be made in consultation with the concessionaire in order that the traffic or the service of the railway shall not thereby be interfered with but the concessionaire shall not be put to any expense on account thereof.

Where such expense is unavoidably incurred and also in the case of a permanent increase in the expenses of the maintenance of the service an indemnity in one entire sum equal to such outlay shall be paid to the concessionaire.

Section IX.

A commencement shall be made with the work of construction within a year after the formal acceptance of the concession by the concessionaire or as soon as the necessary lands shall have been placed at the disposal of the concessionaire and the line from Delagoa Bay to the frontier of the Portuguese territory shall have been so far completed as to admit of the transporting along the line of the materials required for the railway mentioned in this concession.

The railway mentioned in Section I. Clause *a* shall be completed and the working shall be commenced within four years after the commencement of the work of construction.

In case the provisions of the preceding two Clauses of this Section with regard to the commencement and completion of the railway shall not have been complied with the Government shall have the right to purchase all property vested in the concessionaire subject to a payment to the Company of all moneys necessary for the winding up of the Company and subject to the refunding of 90 per cent. of the paid-up authorised capital.

Section X.

If notice be given by the concessionaire of his intention to extend the railway to Pretoria such extension as well as the whole line to the Vaal River shall be completed and the working thereof shall commence within ten years after the railway shall have been completed to the Nelspruit.

If this condition shall not be complied with or the extension of the railway shall not be commenced within five years after the railway shall have been completed to the Nelspruit the Government shall be entitled to purchase all property vested in the concessionaire subject to a payment to the Company of all moneys necessary for the entire winding-up of the Company and subject to the refunding of the paid-up authorised capital.

The concessionaire agrees to complete without delay the railways mentioned in Section I and they shall be opened for traffic (barring unforeseen circumstances) on or before the 31st December 1894 with the exception of the sections connecting Pretoria and Johannesburg with the Vaal River which sections shall be opened for traffic within six months after the Free State Railway as far as and across the Vaal River shall have or could have been opened for traffic or within six months after the railway from Delagoa Bay to Pretoria shall have been opened for traffic if such opening should take place before that of the Free State Railway and the concessionaire shall be liable to a fine of £ 50 per diem for each day's delay in the first case (Delagoa Bay Railway) and to a fine of £ 25 per diem in the second case (Free State Railway).

The Company shall be debited in its books with the amount of these fines.

Part II.

The Supervision of the works and of the working.

Section XI.

The Government shall have the right to superintend the construction of the works and the working and for this purpose they may at all times examine the works and the railway plant and stock. The Government officials entrusted with such examination shall for such purpose be admitted to all premises which ar destined for the use of the public or for the service of the railway.

Section XII.

All present and future general laws relating to railway supervision in the South African Republic shall apply to the railway mentioned in this concession but the Government shall not nevertheless be entitled to curtail the rights granted herein to the concessionaire.

Part III.
The Working and the railway plant and stock.

Section XIII.

The traction on the railway shall be by steam power.

Section XIV.

The concessionaire shall during the continuance of this concession keep the railway and all that belongs to it in a good state of repair and shall not suspend the service except in case of *„force majeure“*.

Section XV.

The carriages shall be built to accomodate at least two classes of passengers.

Section XVI.

The concessionaire shall make rules and regulations for the working of the railway and submit the same for the approval of the Government Commissioner who shall have a seat on the Local Board of the railway in order that he may determine that they do not contain anything which is contrary to the conditions of this concession or to the general laws of the country. Such rules shall also be binding upon third parties.

The railway shall not be opened for traffic until the said rules shall have been approved of.

If the Government Commissioner shall not give his decision upon such rules within the period of three months after they have been submitted to him he will be deemed to have approved the same.

Part IV.
Tariffs and traffic.

Section XVII.

The concessionaire shall be entitled to demand such fares and rates as he may fix for the carriage of passengers goods cattle &c. and also for unloading loading delivering and similar services and for hire of waggons &c.

Import export and transit duties levied at the Portuguese frontier on goods carried by the railway (cattle included) shall be received by and on behalf of the concessionaire in accordance with rules to be made in consultation with the Government Commissioner and in accordance with instructions from the Government.

The fares and rates for the carriage of passengers and goods shall not nevertheless without the previous consent of the Government exceed:

1. For passengers:
   First class 3 d. per mile ($1^7/_8$ d. per kilometer).
   Lowest class 2 d. per mile ($1^1/_4$ d. per kilometer).
2. For ordinary goods:
   6 d. per ton per mile ($3^3/_4$ d. per kilometer) with a minimum of £ 1 per transport.
3. For raw materials (coal iron ore of less value than £ 45 per ton stones unsewn wood &c.) in quantities of 5 tons at least:
   3 d. per ton per mile ($1^7/_8$ d. per kilometer) with a minimum of £ 1 per transport.

Section XVIII.

Sufficient public notice shall be given of all tariffs and of any alterations which may be made therein before they come into force; and no tariff shall be altered until it has been in force for at least three months.

Section XIX.

The concessionaire shall carry all things which may be tendered to him for conveyance by whomsoever tendered without distinction and without favour saving all (usual or) general exceptions.

Section XX.

The concessionaire shall carry gratuitously all closed postal packets which may be delivered at the stations by the Postal Authority.

The Company shall receive 8 d. per mile (5 d. per kilometer) for the conveyance of carriages in the service of the Postal Authority.

Section XXI.

The concessionaire shall also undertake the telegraph service along the railway (and such service shall be rendered) to the Government free of charge but to the public for payment.

Section XXII.

Whenever war is threatened and in time of war or in case of civil disturbances the Government shall be entitled to use fully and without restriction the railway and all that is required to use the same in the interest of the defence of the country or of public order and to suspend either wholly or in part the ordinary traffic on the railway and to direct and make such provisions as it may deem necessary for that purpose provided always that in such cases the concessionaire shall receive compensation.

Section XXIII.

The concessionaire shall at all times freely admit intc such premises at the stations as are destined for the use of the public or for the service of the railway and if necessary to the line (itself) all police and custom officials for the purposes of their respective duties.

Part V.

The acceptance and the duration of the concession.

Section XXIV.

The concession shall be accepted by the concessionaire immediately upon a capital of five million guilders being obtained in shares and bonds and upon the traffic in Portuguese territory being arranged to the satisfaction of the concessionaire.

Section XXV.

The concession may be cancelled:

a) if the guarantee fund mentioned in Section XXXVII be not placed by the concessionaire at the disposal of the Government by the stipulated time.

b) if the concessionaire do not comply with the provisions of Section XXVIII.

The Government shall nevertheless be entitled to cancel the concession if it is not accepted within six months after the concessionaire shall in accordance with this Section have been called upon by the Government to do so.

Section XXVI.

The provisions of Sections IX X and XXV shall not apply if the concessionaire be able to show that the delay or the negligence be attributable to *„force majeure“* or to any acts or negligence on the part of the Government or its officials.

The Government shall nevertheless be entitled at the request of the concessionaire to extend all time limits fixed by the concession.

The concessionaire shall be considered to be *„in mora“* at the expiration of the fixed time limits and it shall not be necessary to prove this by any deed or writing.

Section XXVII.

The Government shall be entitled at any time to purchase the railway and all other property vested in the concessionaire. But this power shall not be exercised unless the Company in the Netherlands has received notice of the intention to purchase at least one year in advance.

If the purchase take place on the 1st January 1915 or at the expiration of any subsequent period of ten years the Government shall pay all expenses incurred in relation to the winding-up of the Company and also shall pay a sum equal to twenty times the average dividend declared to the shareholders during the three preceeding working years with a minimum of twenty times the guaranteed annual interest to those who hold shares on which an annual interest of 5 per cent. or more has been guaranteed and the full nominal value of those shares on which a lower annual interest has been guaranteed. The said sum shall be reduced by the amount of such fine as the Company may have to pay by virtue of Section X.

If the purchase take place before the 1st January 1915 or before the expiration of any subsequent period of ten years the purchase shall be carried out on the same basis as that explained in the second Clause of this Section but the purchase price shall be increased by one per cent. of the nominal Share Capital for each year to be calculated from the date of purchase up to the 1st January, 1915, or if purchased after the 1st January 1915 up to the end of such subsequent period.

(The above Section was sanctioned by Art. 1,334 of the Minutes of the Volksraad of the 7th September 1893.)

Part VI.

Financial and general provisions.

Section XXVIII.

The concessionaire shall be required within six months after the acceptance by him of this concession to form in the Netherlands a limited Company under the name of „The Netherland South African Railway Company“ and to transfer the concession in its entirety and without restrictions to such Company free of charge.

One half at least of the number of the Directors of the Company shall be citizens of the Netherlands.

Section XXIX.

The Company shall not undertake any enterprise beyond such as are mentioned in this concession save with the approval of the Government of the Republic.

Such approval is hereby granted for the construction and working or for the working only of a railway or tramway on Portuguese territory between Delagoa Bay and the frontier of the Republic with which according to Section I a junction must be formed by the railway mentioned in this concession.

Section XXX.

The Company shall be wound up in case the Government exercises its right of purchase as provided in this concession.

Section XXXI.

In order to provide the necessary capital for the construction and working of the railways mentioned in Section I and everything in connection therewith inclusive of the cost of obtaining if necessary the concession for the line from Delagoa Bay to the Transvaal frontier as well as all supplementary expenses of construction temporary works management expenses of obtaining and remitting money and also of payment on account of the Republic of the interest and redemption as guaranteed by the Republic on behalf of these railway the Company shall be entitled provided it observes the provisions as set out hereafter to issue shares and bonds to a maximum amount of £ 9600 per mile (£ 6000 or seventy-two thousand guilders per Kilometer). These shares and bonds shall bear the signature of the Government Commissioner in the Netherlands and thereby receive as provided in Section XXXII the guarantee of the South African Republic.

Of this amount a portion not exceeding one-fourth part may be obtained by the issue of shares.

The rate of interest payable on the bonds shall not without the consent of the Executive Council exceed in future the rate of 4 per cent. per annum.

(The preceding Clause was amended to its present form by resolution of the First Volksraad of the 8th May 1891.)

The Company shall be allowed to exceed the amount of £ 9600 per mile if such excess shall be proved to be necessary for the completion of the railways in course of construction provided that it is done with the knowledge and under the control of the Government Commissioner and subject to the consent of the Government and the advice and the consent of the Executive Council being first obtained.

The rate of interest the price the time and other conditions of the issue or sale of shares and bonds by the Company as mentioned in this Section as well as the proportion between the number of shares and the number of bonds shall be fixed by the Company in consultation with the Government Commissioner in the Netherlands who shall also as directed by the Government sign the certificates of such shares and bonds and his signature shall be sufficient proof of such consultation.

If after such consultation no agreement shall be arrived at then the shares or bonds shall be issued on such conditions as shall be required by the Government Commissioner in the Netherlands in accordance with his directions but the Government shall in such case buy all shares or bonds which shall not have been subscribed for.

The Government shall have the preference whenever shares are issued according to the stipulated conditions.

The express assent of the Government of the South African Republic as well as the advice and assent of the Executive Council shall also be necessary for the issue of shares or bonds for any purposes other than those mentioned above.

Section XXXII.

The South African Republic guarantees direct to all holders of shares signed by the Government Commissioner in the Netherlands the interest named therein calculated on the basis of the nominal amount of the authorised capital to the extent of the amount paid up and to all holders of bonds signed by the Government Commissioner in the Netherlands the redemption and the interest according to the conditions of the issue.

Meanwhile the Company shall make advances to the Republic so long as any railway or any part of a railway which the Company has undertaken to construct shall not be opened for traffic and in case the Company has sufficient funds at its disposal of such sums as the Republic during such period shall appear to be indebted on the above-mentioned account for interest to the holders of such shares and bonds as shall have been issued for the construction of such railway or of such part of a railway.

The amount of such advance for which the Republic shall be debited in the books of the Company shall be claimed if and when the Republic exercises its right of purchase or if the Company be wound up for some other reason.

Section XXXIII.

In order to ascertain the amount which the Republic may be indebted or may be called upon to pay in any year according to the preceding Section the Company shall open an account which shall be closed on the 31st December in each year and such account shall contain:

As assets:

All the receipts without exception which form the revenue account.

As liabilities:

1. All the expenses except such as form part of the construction and capital accounts and such sums as shall have been paid for the guaranteed interest and redemption.
2. Ten per cent. of the gross receipts of the working of the railway which are placed to the account of the reserve fund as mentioned in Section XXXV.

This account shall be drawn up in consultation with the Government Commissioner of the South African Republic in the Netherlands.

The sum necessary for payment of interest and redemption as guaranteed in the first Clause of the preceding Section after deducting the balance of this account shall form the amount which the Republic taking into account the provisions of the second Clause of Section XXXII shall pay annually to the Company in the Netherlands not later than three months after the account shall have been submitted of the Commissioner.

The Company shall not be required to repay to the Republic any sum which it may receive from the Republic on this account. If the Company shall be *„in mora“* in paying the interest and redemption as guaranteed to the shareholders and bondholders in Section XXXII and the Republic shall be called upon to pay these sums direct to the shareholders and the bondholders the amount of such payment shall be deducted from the first above-mentioned payment due from the Republic to the Company.

Section XXXIV.

If the balance of the account mentioned in the preceding Section exceed the amount of the guaranteed interest and redemption 85 per cent. of this surplus shall be paid to the Republic and 5 per cent. to the Board and Staff of the Company.

The payment to the South African Republic shall be made at the office of the Company in the Republic not later than three months after the account shall have been submitted to the Commissioner of the Government of the South African Republic in the Netherlands.

Section XXXV.

The reserve fund mentioned in Section XXXIII shall provide as far as possible for the cost of repairing extraordinary damage done to the permanent way works and rolling stock and generally of all necessary renewals and extensions of the railways which are worked by the Company. This fund shall be separately managed and invested and the interest thereof shall be added yearly to the capital. In case and as long as this fund shall have reached four thousand two hundred guilders (£ 350) per Kilometer or £ 560 per mile opened for traffic the sums which otherwise would have been allocated to it shall be applied to the redemption of loans.

This fund shall be deemed as forming part of the property of the Company mentioned in Sections IX X and XXVII.

Section XXXVI.

As a guarantee for the fulfilment of the conditions of this concession the concessionaire shall pay into the exchequer of the South African Republic a sum of 100 000 guilders immediately upon his acceptance thereof and such sum shall be repaid to the Company within a year after the railway shall have been opened for traffic to the Nelspruit or if the concessionaire shall make the extension to

Pretoria then as soon as the railway is opened for traffic to that place or as soon as the Republic shall exercise its right of purchase.

Interest at the rate of 5 per cent. per annum shall be paid to the Company on such guarantee fund from the day on which it is paid in until the day on which it is repaid and it shall be payable in the Netherlands on or before the 15th January of each year.

Section XXXVII.

The Government of the South African Republic shall appoint a Commissioner and a deputy on the Local Board of the railway in the South African Republic and also on the Board of the Company in the Netherlands.

The Commissioners or their deputies whenever the former shall be absent or otherwise unable to be present shall be entitled to attend every meeting the first named the meetings of the Local Board of the railway in the South African Republic the latter the meetings of the Board or of the shareholders in the Netherlands and they shall have an advising vote (*i. e.* the right of expressing their opinions but not of recording their vote) at such meetings. They shall exercise unrestricted control and supervision over all matters and acts of the Company and shall have admission to the Company's offices and shall be entitled to inspect the books and to certify the cash accounts.

Section XXXVIII.

All disputes with regard to the provisions of this concession and the application thereof between the Government of the South African Republic or its officials and the Company or its officials and which cannot be settled amicably shall be settled by two arbitrators and if they do not agree by an umpire and who (together with the two arbitrators) shall give a final decision as good men and true without being bound to any form of procedure.

Each party shall appoint an arbitrator and the two arbitrators shall before proceeding to consider the dispute appoint a third person who shall be the umpire on all points on which the two arbitrators shall not be able to agree.

If the two arbitrators cannot agree as to the election of the umpire he shall be nominated if the dispute relate to a local matter by the High Court of Justice of the South African Republic and otherwise by the Court of Justice at Amsterdam.

Section XXXIX.

In all cases requiring consultation between the Company and the Government of the South African Republic or its Commissioner a dispute shall be deemed to have arisen if no agreement be arrived at between the parties.

This concession has been approved of by a decree of the Hon. Volksraad of the 25th June 1890 and is intended to replace the concession granted by the Government of the South African Republic as authorised by the Hon. Volksraad by a decree of the 27th May 1885 as well as the amendments made therein by a decree of the Hon. Volkraad of the 12th July 1888.

№ 5.

Der Ausführende Rat beschliesst:

von seinem Recht nach Artikel 22 der Concession, bestätigt durch Volksrathsbeschluss Art. 502, vom 25. Juni 1890, Gebrauch zu machen und die Eisenbahn mit Allem, was dazu gehört und was zum Gebrauch davon benöthigt ist, der Verfügung der N. Z. A. S. M. zu entziehen und dieselbe ganz zu seiner Verfügung zu nehmen.

Zum Zwecke, die Eisenbahn gehörig zu gebrauchen, wird das gesammte Personal der mehrfach genannten Gesellschaft unter Art. 2 des Gesetzes Nr. 20 vom Jahre 1898 commandirt zur Leistung von Diensten bei der Eisenbahn in ihren Functionen, die sie gegenwärtig bekleideten, und werden sie unter den Befehl des General-Commandanten und der von ihm zu ernennenden Kriegsofficiere und anderen Beamten gestellt werden mit der Voraussetzung, dass diejenigen, die beim Eisenbahndienst entbehrt werden könnten, jederzeit vom Commandant-General commandirt werden könnten zur Leistung von gewöhnlichen Kriegsdiensten.

№ 6.

R. C. R. 2179/99.
R. C. 1272/99.

Pretoria, den 29. September 1899.

Unter Hinweis auf mein Schreiben vom 20. ds. R. C. 1256/99, habe ich die Ehre, Ihnen mitzutheilen, dass ich nun die Zeit für gekommen halte, um Ausf. Rathsbeschluss Art. 858 vom 13. September 1899 zur Ausführung zu bringen.

Von heute ab übernimmt daher die Regierung der Süd-Afrikanischen Republik die Verfügung über Ihre Linien auf Grund des vorher erwähnten Rathsbeschlusses.

Ich bitte Sie, Ihr Personal anzuweisen, dass es Befehlen, die vom Commandant-General oder den von ihm ernannten Kriegsofficieren ergehen, Folge leisten müsse.

Der Regierungs-Commissar.
(gez.) J. S. Smit.

An die Direction der N. Z. A. S. M., Pretoria.

№ 7.

Die Regierung hat Gebrauch gemacht von dem Recht, welches ihr durch die Concession unserer Gesellschaft gegeben war, um bei Kriegsgefahr im Interesse der Vertheidigung über die Eisenbahn und alles, was dazu gehört, zu verfügen.

Lt. Art. 2 des Gesetzes No. 20, 1898, ist das gesammte Personal commandirt zum Leisten von Diensten in den Functionen, die sie gegenwärtig bekleiden und zwar unter den Befehlen des Commandant-General, mit der Bedeutung, dass alle Instructionen und Ordres über die Ausführung des Dienstes auf die gewohnte Weise von den Eisenbahnbehörden an das Personal abgegeben werden.

Directen Befehlen von Militär-Behörden und Kriegsofficieren muss jedoch seitens des Personals, innerhalb der Befugniss eines Jeden, soviel wie möglich Folge geleistet werden; falls nöthig, müssen die unmittelbaren Vorgesetzten um Instructionen gefragt werden.

Ruhe und Ueberlegung wird Jedem in diesen Tagen dringend anempfohlen, während auf die gewissenhafteste Pflichterfüllung von Allen gerechnet wird.

Die Direction: J. van Kretschmar.

Pretoria, den 29. September 1899.

№ 8.

Dienstordre No. 33.

Commando-Dienste.

Für den Fall, dass auf Grund der Gesetze der Süd-Afrikanischen Republik Personal der Gesellschaft commandirt werden sollte, um an Expeditionen Theil zu nehmen oder auf andere Weise Dienste zur Vertheidigung zu leisten, wird folgendes bestimmt:

1. Falls Personal commandirt wird, so ist davon telegraphisch dem Abtheilungs-Chef Kenntniss zu geben, der beurtheilt, ob für den Dienst der betreffenden Person Vorkehrungen getroffen werden können. Kann dies nicht ohne Störung geschehen, dann giebt der Abtheilungs-Chef hiervon telegraphisch an den Exploitationsbetrieb Kenntniss, resp. an den Ober-Ingenieur, Betrieb von Weg und Werken, je nachdem das Personal zu einem dieser Betriebe gehört.

   Darauf soll versucht werden, durch Intervention des Regierungs-Commissars die Commandirung aufheben zu lassen.

2. Denjenigen, die entbehrt werden können, billigt die Gesellschaft halbes Gehalt, wenn sie unverheirathet, und

zwei Drittel des Gehalts zu, wenn sie verheirathet sind, das heisst, wenn der zu empfangende Sold weniger beträgt, soll der Unterschied von der Gesellschaft nachbezahlt werden.

3. An diejenigen, die freiwillig, ohne commandirt zu sein, Dienst nehmen wollen und von der Militär-Behörde dazu angenommen werden, kann, wenn der Betrieb es zulässt, die Erlaubniss vom Abtheilungs-Chef ertheilt werden, und zwar ohne Gehaltsbezug nach Bezahlung oder Bürgschaftsstellung für das, was er eventuell der Gesellschaft noch schuldig ist. Kann er jedoch nicht entbehrt werden, so hat er zu wählen zwischen keinen Dienst nehmen oder Entlassung.
4. Die sub 2 und 3 erwähnten Personen werden, solange sie militärische oder andere Dienste für die Regierung thun, als nicht im Dienst der Gesellschaft stehend betrachtet.
5. Falls die Regierung die Dienste der Commandirten oder Freiwilligen nicht mehr braucht, werden sie, wenn sie sich bei ihrem unmittelbaren Chef anmelden, wieder in Dienst genommen, soweit sie physisch dazu fähig sind, unter Zubilligung ihrer vollen Besoldung, mit Ausnahme der Freiwilligen, die sub 3, 2. Reihe erwähnt sind.
6. Falls Personen, die sich in militärischem Dienst befinden, von dem Exploitationsbetrieb oder von dem Ober-Ingenieur, mit der Bestätigung der Regierung, den Befehl empfangen, den Dienst bei der Eisenbahn wieder aufzunehmen, so haben sie dem unmittelbar Folge zu leisten, bei Strafe entlassen zu werden.
7. Für die sub 3 erwähnten Freiwilligen soll, falls für sie eine Auszahlung in Niederland geschaffen wird, diese rechtzeitig beglichen werden, wenn die Gelder dafür vorher gezahlt werden oder genügende Bürgschaft geleistet wird.
8. Die Abtheilungs-Chefs müssen von Jedem, der zum militärischen Dienst genommen wird, Mittheilung an den Exploitationsbetrieb, resp. an den Ober-Ingenieur machen.

Diese Bestimmungen gelten nicht für Personal, das auf Grund von Engagements bei dem Artillerie-Corps für gewöhnliche oder Repititionsübungen aufgerufen wird. Hierzu wird Urlaub gegeben, ohne Einbehaltung von Gehalt.

Die Direction: J. van Kretschmar.

Pretoria, den 7. September 1899.

№ 9.

No. 76/3361 O. Pretoria, d. 9. März 1900.

Wohl Edl. Gestr. Herr,

Es kommt in letzter Zeit wiederholt vor, dass Personal im Dienst unserer Gesellschaft, das zum Leisten von Kriegsdienst commandirt ist, sich an den Consul seines Vaterlandes wendet, um zu erfahren, ob sie verpflichtet sind, dem Folge zu leisten.

Deswegen ist es vielleicht nicht überflüssig, Sie von dem Standpunkt, den unsere Gesellschaft hierin einnimmt, in Kenntniss zu setzen.

Vor Anfang des Krieges fertigten wir für Diejenigen, die auf Grund ihrer Nationalität verpflichtet sind, sich dem Commandirtwerden zu unterwerfen, unsere Dienstorder No. 33 aus, wovon zu Ihrer Information ein Exemplar beiliegt.

Da es sich sehr bald herausstellte, dass sich der Verkehr stark verminderte, sodass wir den Betrieb einschränken konnten, so bekamen wir einen ziemlich grossen Ueberschuss von Personal, das wir somit auf Grund der bestehenden Bestimmungen das Recht hatten zu entlassen.

Wir haben jedoch gemeint, diese Personen auch an dem Vorrecht theilnehmen lassen zu müssen, das Denjenigen zugebilligt war, die zum Kriegsdienst verpflichtet waren, ein Anerbieten, von dem Viele Gebrauch machten.

Diejenigen, die dies nicht wählten, konnten auf Grund von dafür gültigen Bestimmungen ehrenvolle Entlassung bekommen.

Hochachtend

Die Direction.

Circular an hier zu Lande bestätigte Consuln.

№ 10.

Pretoria, le 9 avril 1900.

Wohl Edl. Gestr. Herr,

Ich habe die Ehre, Ihnen meinen Dank zu bezeugen für die Mittheilung Ihrer Dienstorder No. 33 betreffs Commandodienste.

Die von Ihrer Gesellschaft darin festgestellten Bestimmungen kommen mir billig und wohlwollend vor und sicherlich hat Keiner meiner Unterthanen jemals die geringste Bemerkung darüber gemacht.

Ich habe die Ehre zu sein Ew. Edl. Gestr. Dienstw. Diener

le Consul Général de France

(gez.) S. Auber.

An den Wohl Edl. Gestr. Herrn J. van Kretschmar van Veen.

Director der N. Z. A. S. M.

Pretoria.

№ 11.

Pretoria, d. 12. März 1900.

Sehr geehrter Herr,

Indem ich Ihnen den Empfang des gefälligen Schreibens vom 9. d. Mts. No. 76/3364 bestätige, theile ich Ihnen ergebenst mit, dass mir der principielle Inhalt der Dienstorder No. 33 bereits bekannt war und dass ich denjenigen deutschen Angestellten Ihrer Gesellschaft, die sich an mich wandten, stets meine Meinung dahin erklärt habe, dass mir die von Ihnen getroffenen Einrichtungen rechtlich correct und unter den gegebenen Verhältnissen angemessen und liberal erscheinen.

Hochachtungsvoll

(gez.) Biermann

Kaiserlich Deutscher Consul.

An den Director der Niederl. Südafr. Eisenbahngesellschaft
Herrn van Kretschmar, Hochwohlgeboren.
Pretoria.

№ 12.

Dienstordre No. 32.

Vertraulich.

Instruction für das Personal, zur Beachtung im Fall ein Theil der Linien von einer feindlichen Macht im Besitze genommen wird.

Das Personal wird so lange wie möglich seinen Dienst ausüben und darf nicht eigenmächtig seinen Posten verlassen, ehe dieser von feindlichen Truppen im Besitz genommen ist.

Das Personal darf sich nicht betheiligen am Kampf, wenn es dazu nicht von der gesetzlichen Obrigkeit commandirt ist, und darf weder in noch ausser Dienst Waffen tragen; ebenso darf einer geordneten Kriegsmacht kein Widerstand geleistet werden. Wer hiergegen verstösst, thut solches auf eigene und persönliche Verantwortlichkeit.

Wenn ein Theil der Bahn vom Feinde im Besitz genommen ist, wird das Personal dieser Strecke versuchen, auf irgend welche Weise auf Stationen zu kommen, welche noch nicht in den Händen des Feindes sind und sich für weitere Dienstleistung zur Verfügung stellen, wenn nicht das Fortgehen vom Feinde verhindert wird oder das Verbleiben im Interesse der Familie nothwendig erscheint.

Vertheidigung von Bahnhöfen und anderen Anlagen gegen eine regelmässige bewaffnete Macht ist unstatthaft, und weder im Interesse des Staates, noch der Gesellschaft geboten.

Wenn die Besitzergreifung durch den Feind stattgefunden hat, wird das Personal seine Beschäftigung niederlegen und den Bahnhof oder die Linie verlassen, nachdem es so viel wie möglich die Sachen in Ordnung gebracht haben wird.

Die Stationsvorsteher, Bahninspectoren und die weiteren höheren Beamten werden versuchen, Erlaubniss zu bekommen, weiterhin die Aufsicht auszuüben über Inventarien, Materialien, Geräthe, Güter auf Lager und die Bücher der Gesellschaft, oder dafür Sorge tragen, dass die genannten Sachen in geordneter Weise übergeben werden.

Im Allgemeinen muss als Princip gelten, dass nicht freiwillig dem Feinde Dienste geleistet werden. Wenn in einzelnen Fällen Zwang durch Bedrohung ausgeübt werden sollte behufs Erfüllung gewisser Dienstleistungen, so kann diesem Zwange nachgegeben werden, jedoch mit der Verpflichtung, sich diesem Dienste baldmöglichst zu entziehen.

Das Personal ist befugt, sich gegen Kriegsgefangenschaft zu schützen durch das Versprechen, an Ort und Stelle zu bleiben und sich nicht am Kampfe zu betheiligen.

Eine strenge Befolgung dieser Bestimmungen wird jedem empfohlen, sowohl in seinem eigenen Interesse als in dem der Regierung und der Gesellschaft.

Die Direction: (w. g.) J. van Kretschmar.

Pretoria, den 6. September 1899.

№ 13.

§. 2. Chemins de fer dits „privés“.

7. Le belligérant peut également occuper, sur le territoire ennemi, un chemin de fer appartenant à une personne privée, société ou particulier, et non à l'État. Mais ce chemin de fer, avec tout ce qui s'y rattache, est protegé, par son caractère indélébile de propriété privée, contre l'appropriation sans réserve de l'occupant.

8. L'occupant d'un chemin de fer privé en use librement pour tous ses transports. Il a le droit de commendement et de disposition pour tous les actes spéciaux de ce service; mais il ne se substitue pas au propriétaire de la ligne pour l'administration générale.

9. L'occupant peut forcer la direction et tout le personnel à lui obéir. Il peut punir les agents qui ne lui obéissent pas: mais il n'a pas le droit de les renvoyer, ni de les remplacer, ni de changer leurs contrats avec la société exploitante; il peut seulement les suspendre de leurs fonctions.

10. L'occupant n'a aucun droit sur la comptabilité, ni sur le numéraire, si le chemin de fer n'appartient pas à l'État ennemi; l'argent d'un chemin de fer privé est insaisissable.

11. Le matériel roulant d'un chemin de fer privé saisi par l'occupant ne devient pas la propriété de celui-ci. Il acquiert seulement le droit d'en user, en tant que l'exigent les nécessités de la guerre.

Il ne peut ni le détruire, ni le vendre, ni le confondre dans ses régistres avec son propre matériel roulant.

12. Aussi longtemps qu'il le conserve, le saississant est tenu de bien administrer le matériel roulant privé et de le maintenir en bon état.

13. A la fin de la guerre le saississant restitue le matériel tel qu'il l'a reçu. En cas de perte ou de détérioration, il y a lieu à indemnité.

14. Pour servir éventuellement de base à une action en revendication ou en reparation de dommages, le saississant est tenu de délivrer, au moment de l'occupation, pour tout matériel roulant saisi, un reçu au propriétaire ou à celui que le représente.

Ce reçu mentionnera la date de l'occupation, ainsi que les numéros des moyens de transport saisis, et sera signé par un officier de l'armée occupante.

15. Tout matériel[1]) roulant, quoique appartenant à une personne privé, est assimilé aux moyens de guerre et confisqué comme tel, s'il est trouvé chargé de matériel de guerre, de munitions ou de provisions destinées à l'armée.

16. Il en est ainsi, même si le chemin de fer transporte ces moyens de guerre en vertu d'un ordre exprès de l'un des belligérants, sauf le recours qu'il pourra, dans ce cas, exercer contre ce dernier.

---

[1]) Dass die No. 15 u. 16 sich nur auf den Einzelfall in flagranti beziehen, bedarf keiner besonderen Hervorhebung.

Druck der Norddeutschen Buchdruckerei, Berlin SW.